일러두기
1. 띄어쓰기와 맞춤법은 국립국어원 표기 원칙에 따랐습니다.
2. 지명, 유물명, 지도와 같은 자료는 주로 초등학교 사회 교과서와 중학교 역사 교과서(비상교육)를 참고하였습니다.
3. 본문에 나오는 책이나 신문의 이름에는 《 》를, 그림이나 글의 제목에는 〈 〉를 붙였습니다.
   단, 그림이나 사진 설명에는 예외를 두었습니다.

❹ 조선 시대 1

글 최태성 · 그림 김선배

위즈덤하우스

들어가는 글

안녕? 한국사 길잡이 큰★별쌤이에요.

    요즘 한국사는 영어보다 더 귀한 대접을 받고 있는 듯합니다. 공무원, 공사, 학교, 사기업 할 것 없이 한국사 자격증을 요구하고 있기 때문입니다. 49만 명이 응시하는 대학수학능력시험보다 더 많은 응시생인 53만 명이 응시하는 한국사능력검정시험이 한국사 열풍의 근거라 할 수 있습니다.
    초등학교 역시 예외는 아닙니다. 한국사능력검정시험에 응시할 뿐 아니라 제가 운영하는 유튜브 최태성1tv에서 매주 금요일 라이브 방송이 열리면 초등학생들이 많이 참여합니다. 기특하게도 초등학생들은 점잖게 게시판 예의도 잘 지킵니다.

    역사는 사실을 암기해서 시험 문제를 푸는 과목이 아닙니다. 역사는 사람을 만나는 인문학입니다. 과거의 사람을 마주하며 그 사람의 삶을 통해 자신이 어떻게 살 것인지를 고민하는 지점이 형성되었을 때 비로소 우리는 역사를 배웠다고 할 수 있습니다. 《큰별쌤 최태성의 별★별 한국사》를 집필하면서 여러분들에게 꼭 알려 주고 싶은 것도 이 부분입니다. 또 개별적 사실만을 많이 알고 있는 것보다 하나의 사실을 알더라도 그 사실이 가지고 있는 의미를 자신의 삶에 적용시켜 볼 수 있도록 했습니다. 역사는 과거와 현재의 대화라는 명제를 녹여 보고 싶었습니다.
    예를 들면, 우리나라 최초의 국가 고조선을 이야기하면서 고조선의 건국 이념이 홍익인간이라는 단순한 사실을 알려 주는 데 그치지 않고, 누군가에게 도움을 주기 위해, 세상을 더 건강하게 만들기 위해 세워진 나라가 고조선이라는 점을 이야기하고 싶었습니다. 우리나라 출발이 그러한 역사를 가지고 있으니 이 책을 읽는 여러분들 역시 어떤 도움을 줄 수 있을지 고민해 보자고 이야기하고 싶었습니다.

  학생들에게 꿈을 물어보면 예외 없이 판사, 의사, 변호사, 교사처럼 명사로만 답을 합니다. 그러나 명사로 답한 꿈은 그저 직업일 뿐입니다. 그 직업을 가지고 자신이 누군가에게 어떤 도움을 줄 수 있을지 고민하고 실천하는 동사의 꿈을 이야기해 주면 좋겠습니다. 사람이 사람다워짐은 바로 연대하고 협력하는 모습일 때라는 걸 잊지 말았으면 합니다.

  이 책은 꿈을 꾸었던 과거의 사람들을 만나면서 자신의 꿈도 동사로 만들어 가는 여러분들의 모습을 상상하며 설레는 마음으로 썼습니다. 역사적 사실을 차분하게 알려 주면서, 사실들의 여백 속에 동사의 꿈을 자극하고 영감을 줄 수 있는 글을 채우려 노력했습니다.

  이 책을 읽은 여러분들이 한국사능력검정시험에 도전해 보면 좋겠습니다. 또 책을 읽으면서 역사를 바라보는 건강한 시선을 갖추면 좋겠습니다. 여러분들이 건강한 시민으로 성장하면, 여러분들이 이끌 대한민국은 더 사람 내음 나는 행복한 세상이 될 겁니다.

  아무쪼록 재미있게, 의미있게 《큰별쌤 최태성의 별★별 한국사》를 즐겨 주길 바라며, 이 책을 읽는 여러분들의 건강한 성장을 응원하며 글을 마칩니다.

한국사 길잡이 큰별쌤 최태성 올림

차례

1. 조선의 건국 · 10
위화도 회군 · 12
조선의 건국 · 14
한양 천도 · 16
별별 역사 속으로 · 한양은 어떤 모습이었을까? · 18
왕자의 난 · 20
큰★별쌤 한판 정리 · 22
큰★별쌤 별별 퀴즈 · 24
큰★별쌤 별별 특강 · 26
도전! 한국사능력검정시험 · 28

2. 조선의 통치 체제와 대외 관계 · 30
통치 질서의 확립 · 32
교육 제도와 관리 등용 제도 · 36
별별 역사 속으로 · 성균관 유생은 어떻게 생활했을까? · 40
조선 전기 대외 관계 · 42
별별 역사 속으로 · 조선의 봉수 제도는 어땠을까? · 44
큰★별쌤 한판 정리 · 46
큰★별쌤 별별 퀴즈 · 48
큰★별쌤 별별 특강 · 50
도전! 한국사능력검정시험 · 52

3. 조선 전기의 문화 발전 · 54
집현전 설치 · 56
훈민정음 창제 · 58
별별 역사 속으로 · 한글의 창제 원리를 알아볼까? · 59
과학 기술의 발달 · 62
그림과 공예 · 66
큰★별쌤 한판 정리 · 68
큰★별쌤 별별 퀴즈 · 70
큰★별쌤 별별 특강 · 72
도전! 한국사능력검정시험 · 74

4. 유교 윤리의 확산과 사림의 성장 · 76

경국대전 · 78
삼강행실도 · 80
신분 제도 · 82
사림의 성장 · 84
사화의 발생 · 86
서원의 발달 · 88

큰★별쌤 한판 정리 · 90
큰★별쌤 별별 퀴즈 · 92
큰★별쌤 별별 특강 · 94
도전! 한국사능력검정시험 · 96

5. 임진왜란과 병자호란 · 98

수군의 활약 · 100
의병의 활약 · 102
진주 대첩과 행주 대첩 · 104
정유재란 · 106
중립 외교 · 108
정묘호란과 병자호란 · 110

큰★별쌤 한판 정리 · 112
큰★별쌤 별별 퀴즈 · 114
큰★별쌤 별별 특강 · 116
도전! 한국사능력검정시험 · 118

정답 · 120
찾아보기 · 121
사진 제공 · 122

★ 책 구성 소개

역사는 사람입니다. 역사 속 사람들의 삶과 지금 우리의 삶이 다르지 않다는 것을 한국사 여행을 통해 배웁니다. 큰별쌤과 함께 신나는 한국사 여행을 떠나 볼까요?

★ 각 단원에서 다룰 내용을 간추려 **핵심 내용만 요약**했어요.
★ 각 단원에 있는 **QR 코드**로 최태성 선생님의 강의를 들을 수 있어요.

★ 꼭 알아야 할 핵심 단어와 핵심 문장을 **제목으로** 구성해 **역사 흐름이 한눈에** 보여요.

500만 수강생이 들은 한국사 1타 강사 최태성 선생님이 핵심만 쏙쏙!

수군의 활약 ★ 이순신이 바다에서 승리하다

의병의 활약 ★ 스스로 일어나 나라를 위해 싸우다

진주 대첩과 행주 대첩 ★ 관민이 힘을 합쳐 싸우다

수군과 의병의 활약에 힘입어 육지의 관군도 힘을 내기 시작했어.
이순신이 이끄는 수군의 활약으로 바닷길을 통한 병력 수송과 물자 보급이 어려

큰★별쌤 한판 정리

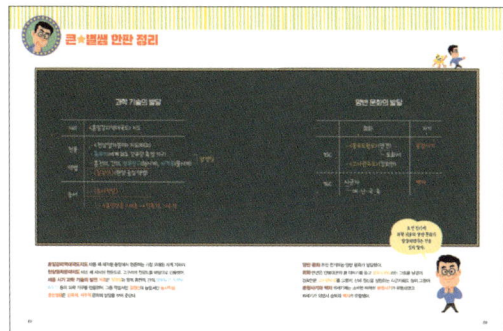

★ 한판 정리로 깔끔하게 한국사를 정리해요.

큰★별쌤 별별 퀴즈

★ 별별 퀴즈로 공부한 내용을 확인해요.

큰★별쌤 별별 특강

★ 역사 속 사람들을 통해 살아 있는 역사를 만나요.

도전! 한국사능력검정시험

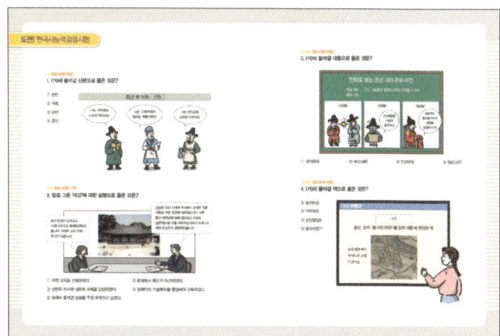

★ 한국사능력검정시험 기출문제에 도전해 보아요.

최고예요!

큰별쌤과 함께라면 한국사 어렵지 않아요!

1 조선의 건국

고려 말 공민왕의 개혁은 실패로 돌아갔지만 그 과정에서 신진 사대부가 크게 성장했어. 조상 대대로 특권을 세습하며 높은 지위를 누린 문벌 귀족과는 달리 신진 사대부는 실력으로 당당히 과거 시험에 합격해 관리가 된 사람들이었어. 신진 사대부는 인간의 본성과 도리를 연구하는 성리학을 공부하고 이를 바탕으로 고려 사회를 개혁하고자 했지. 신진 사대부는 원을 멀리하고 명과 친하게 지내야 한다고 주장하면서 원에 기대어 세력을 키운 권문세족과 대립했단다.

한편 최영, 이성계와 같은 신흥 무인 세력은 고려에 침입한 홍건적과 왜구를 물리치면서 백성들의 신망을 얻었어. 정도전 등 일부 신진 사대부는 신흥 무인 세력인 이성계와 손을 잡고 조선을 건국했단다. 새로운 역사가 시작된 조선으로 얼른 떠나 보자.

1388년
위화도 회군

1392년
조선 건국

1394년
한양 천도

위화도 회군 ★ 이성계와 신진 사대부가 권력을 장악하다

고려 공민왕의 뒤를 이어 32대 우왕이 왕위에 올랐어. 당시 중국에서는 명이 원을 몰아내고 대륙을 차지했어.

고려는 명과 외교 관계를 맺고 잘 지내려고 했지만 명은 고려에 철령 북쪽 땅을 내놓으라며 무리한 요구를 하기 시작했지. 철령 북쪽 땅은 한때 원이 쌍성총관부를 두고 다스리던 지역으로, 공민왕 때 반원 자주 정책의 일환으로 되찾은 곳이야. 그런데 명이 그 땅을 자기들이 직접 다스리겠다고 우긴 거야.

대표적인 신흥 무인 세력 중 한 명인 최영은 요동을 공격하여 명의 영토 침입을 막고 옛 고구려 땅을 되찾자고 주장했어. 우왕은 최영의 의견을 받아들여 요동 정벌을 명령하였단다. **이성계**는 4불가론을 들어 요동 정벌에 반대하였지만 최영의 지시로 군사를 이끌고 요동 정벌에 나서야만 했어.

이성계의 4불가론

첫째, 작은 나라가 큰 나라를 거스르는 것은 옳지 않다.
둘째, 여름에 군사를 동원하는 것은 옳지 않다.
셋째, 요동을 공격하는 틈을 타서 남쪽에서 왜구가 침범할 수 있다.
넷째, 장마철이라 활의 아교가 녹아 무기로 쓸 수 없고, 병사들이 전염병에 걸릴 수 있다.

이성계가 이끄는 군대는 압록강 가운데에 있는 위화도에서 진격을 멈추었어. 장마철 무더위에 도망치는 군사가 속출했고, 마침 큰비가 내려 압록강을 건너기 어려웠기 때문이야. 이성계는 이러한 상황을 조정에 전하며 다시 한번 요동 정벌을 취소해 달라고 요청했지. 하지만 우왕과 최영은 오히려 빨리 공격하라고 재촉했어. 그러자 이성계는 왕의 명령을 거역하고 개경으로 돌아가기로 결정했어. 이 사건을 **위화도 회군**이라고 해. '회군'은 군대를 돌렸다는 뜻이야.

개경으로 돌아온 이성계는 최영과 우왕을 몰아내고 권력을 장악했어. 더 이상 고려에는 희망이 없다고 생각한 신진 사대부 정도전은 이성계와 진작 손을 잡았지. 이성계는 이러한 신진 사대부들과 함께 새로운 세상을 열고자 했단다.

조선의 건국 ★유교 정신을 바탕으로 새 나라를 세우다

권력을 잡은 이성계와 신진 사대부는 곧바로 토지 개혁을 실시했어. 권문세족들이 불법적으로 차지하고 있던 땅을 빼앗아 새롭게 관리가 된 신진 사대부들에게 직급에 따라 토지를 나눠 주는 **과전법**을 실행했지. 과전법의 시행으로 경제적 기반을 빼앗긴 권문세족은 힘이 약해질 수밖에 없었어.

한편 고려의 개혁 방향을 두고 신진 사대부는 온건파와 혁명파로 나뉘게 되었어. 정몽주를 중심으로 한 온건파는 고려의 왕조는 그대로 유지하면서 고려를 개혁하자고 주장했어. 반면 정도전을 중심으로 한 급진파는 고려를 무너뜨리고 새로운 왕조를 세워야 한다고 주장했지.

이렇게 온건파와 급진파가 팽팽히 맞서고 있을 때 이성계가 말에서 떨어져 다치는 일이 생기자 정몽주는 이성계를 제거할 기회라고 생각했어. 정몽주는 병문안을 핑계로 이성계의 집을 찾아갔지. 이때 이성계의 아들 이방원이 정몽주의 마음을 알아보기 위해 〈하여가〉를 읊자 정몽주 역시 〈단심가〉로 답했지.

하여가 이방원

이런들 어떠하며 저런들 어떠하리

만수산 드렁칡이 얽혀진들 어떠하리

우리도 이같이 얽혀져 백 년까지 누리리다

시로 대화하다니, 뭔가 멋진걸.

단심가 정몽주

이 몸이 죽고 죽어 일백 번 고쳐 죽어

백골이 진토되어 넋이라도 있고 없고

임 향한 일편단심이야 가실 줄이 있으랴

정몽주가 절대 마음을 바꾸지 않을 걸 알게 된 이방원은 부하를 시켜 정몽주를 제거했지. 정몽주가 죽자 온건파 사대부는 힘을 잃고 지방으로 내려갔단다.

마침내 이성계와 급진파 사대부들은 새 나라를 세우고, 우리나라 최초의 국가인 고조선을 계승한다는 의미로 나라 이름을 **조선**이라고 했어. 조선을 건국한 신진 사대부들은 유교 정신에 따라 백성이 나라의 근본이 되는 나라를 만들고자 했단다.

새 학기가 시작되면 왠지 설레지? 그런데 시간이 지날수록 새 학기 때 가졌던 설렘과 긴장감은 조금씩 사라져 버리지. 역사도 똑같아. 백성을 먼저 생각하겠다는 마음을 가지고 시작한 나라도 시간이 지나면서 부정과 부패로 얼룩져 버리지. 그럴 때 다시 새로운 시대가 열리는 것도 나쁘지 않은 것 같아.

한양 천도 ★ 한양을 수도로 정하다

동국여도 도성도

　새로운 나라 조선은 새로운 수도가 필요했어. 하지만 새로운 수도를 어디로 할지 정해지지 않아 고려의 수도인 개경에 자리하고 있었지. 새 나라 조선의 수도는 여러 후보지 중 지금의 서울 지역인 **한양**으로 정했어. 한양은 한반도의 중심에 위치하고 한강이 흐르고 있어 육로나 수로를 이용해 어디로든 가기 쉬웠어. 게다가 산으로 둘러싸여 외적의 침략을 막을 수 있고, 주변에 넓은 평야가 자리 잡고 있어 농사지으며 생활하기에도 좋았지.
　정도전은 유교 정신을 담아 도성을 설계하고 궁궐과 사대문의 이름을 지었어. 궁궐의 이름은 **경복궁**이라고 지었는데, '경복'은 큰 복을 누리라는 뜻이지. 경복궁의 중심 건물인 근정전은 왕의 즉위식이나 사신 접대 등 나라의 중요한 의식을 치르는 곳이야. '근정'은 정치를 할 때 늘 부지런하게 힘써야 한다는 뜻이지. 임금은

항상 백성을 위한 정치를 해야 한다는 유교 사상을 조선 왕실을 상징하는 건물 이름에 담은 거란다.

"종묘사직이 위태롭사옵니다. 종묘사직을 보존하소서."

사극에서 이렇게 말하는 것을 들어 본 적이 있을 거야. 이때 말하는 종묘사직이 뭘까?

종묘는 역대 왕과 왕비의 위패를 모시고 제사를 지내는 곳이고 **사직**은 토지의 신과 곡식의 신을 일컫는 말이야. 유교에서는 조상에게 제사 지내는 것을 매우 중요하게 여겼어. 특히 역대 왕과 왕비의 위패를 모신 종묘는 나라의 근본이라고 생각했어. 또한 농사는 나라 경제의 기반이 되었기 때문에 종묘사직은 나라 자체를 의미했지. 그래서 도성을 건설할 때 궁궐과 함께 가장 먼저 지은 것도 종묘와 사직이야. 궁궐을 중심으로 왼편에는 종묘, 오른편에는 사직단을 세웠어. 또 궁궐과 종묘사직을 보호하는 성곽과 성문을 만들고 유교 덕목인 인(仁)·의(義)·예(禮)·지(智)를 넣어 사대문의 이름을 지었단다.

★ 큰별쌤 별별 정보 ★

한양 도성의 동쪽 대문을 흥인지문, 서쪽 대문을 돈의문, 남쪽 대문을 숭례문, 북쪽 대문을 숙정문이라고 한단다. 그런데 왜 북쪽 대문은 숙지문이 아니라 숙정문일까? 지는 지혜를 의미하는데, 지혜는 드러내지 않는다고 하여 처음에는 숙청문(肅淸門)이라 했다가 나중에 '고요하고 안정되어 있다'는 뜻의 정(靖) 자를 써서 숙정문(肅靖門)이라고 바꿨다고 해.

별별 역사 속으로 ● 한양은 어떤 모습이었을까?

경복궁 근정전 경복궁은 조선의 궁궐 중에 가장 먼저 지어졌어. 근정전은 임금의 즉위식이나 중대한 행사를 거행하던 곳이야. 경복궁처럼 임금이 사는 궁궐을 정궁 또는 법궁이라고 해.

사직단 토지의 신(사)과 곡식의 신(직)에게 제사를 지내는 제단을 말해.

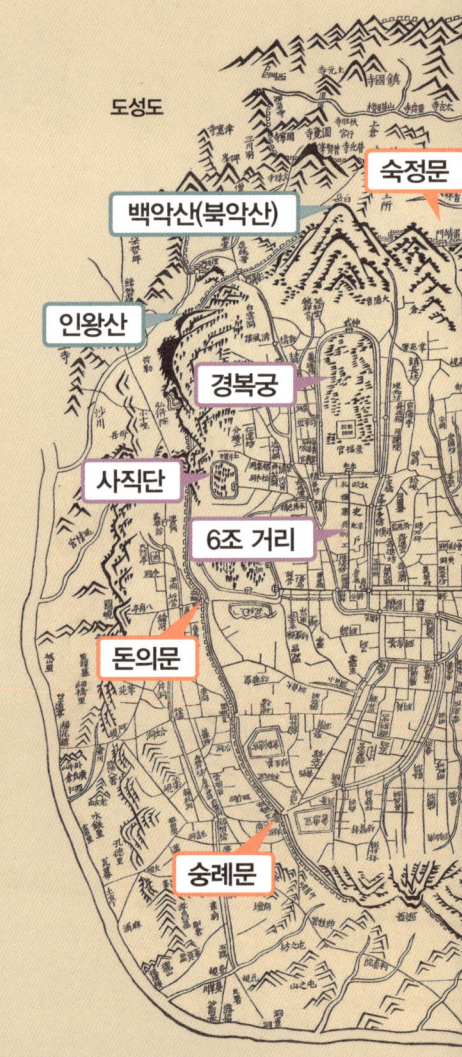

도성도
- 숙정문
- 백악산(북악산)
- 인왕산
- 경복궁
- 사직단
- 6조 거리
- 돈의문
- 숭례문

한양 좋아!

돈의문 도성의 서쪽 대문이야. 일제 강점기에 철거되어 현재는 그 터만 남아 있단다.

숭례문 도성의 남쪽 대문이야. 2008년에 일어난 화재로 소실되었다가 2013년에 복원되었단다.

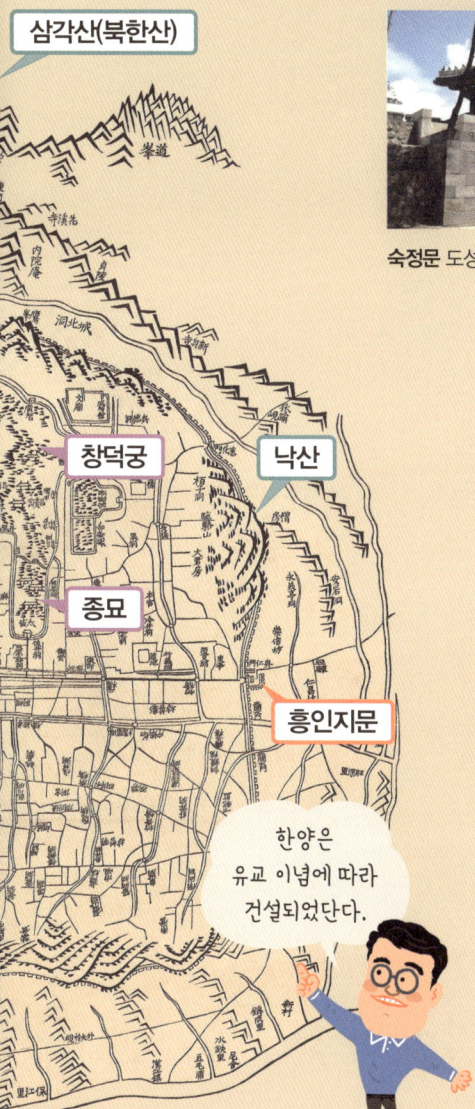

삼각산(북한산)

창덕궁

낙산

종묘

흥인지문

한양은 유교 이념에 따라 건설되었단다.

숙정문 도성의 북쪽 대문이야.

성곽 수도 한양을 보호하기 위해 쌓은 성곽이야.

창덕궁 조선 태종 때 지은 궁궐로 임진왜란 때 경복궁이 불탄 이후 조선의 법궁 역할을 하였단다. 아름다운 후원이 잘 보존되어 있는 창덕궁은 유네스코 세계 문화유산으로 등재되었어.

종묘 종묘는 역대 왕과 왕비의 위패를 모시고 제사를 지내는 곳이야. 유네스코 세계 문화유산으로 등재되었어.

흥인지문 도성의 동쪽 대문이야.

왕자의 난 ★ 이방원이 왕위에 오르다

　정도전은 백성을 위한 정치를 하려면 왕이 똑똑한 재상을 찾아 민심을 살피게 하고, 신하들은 왕을 보좌하여 정치를 이끌어야 한다고 생각했어. 정도전은 태조 이성계 다음에 누가 왕이 되어야 자신이 꿈꾸던 나라를 만들 수 있을까 고민했지. 고민 끝에 이성계의 막내 아들 이방석을 세자로 책봉하라고 태조에게 건의했어. 태조 이성계는 정도전의 건의를 받아들여 막내 아들을 세자로 책봉하고 정도전에게 세자를 돕도록 하였지.

　그러자 정몽주를 죽이면서까지 조선을 세우는 데 큰 역할을 했던 이방원은 분노했어. 개국 공신으로 인정받지 못한 것도 모자라 세자 자리까지 어린 동생에게 뺏

저런 불효자 같으니라구!

기자 이방원은 세자이자 동생인 이방석을 죽이고
정도전도 제거했어. **왕자의 난**을 일으킨 거야.
이 일로 엄청난 충격을 받은 이성계는
이번에도 이방원이 아닌 다른 아들에게
왕위를 넘겨줬어. 그가 정종이야.
하지만 이미 권력은 이방원의 손안에
있었지. 결국 정종은 왕위에 오른 지 3년 만에
이방원에게 왕위를 물려줬단다. 이방원이
바로 조선의 제3대 임금인 태종이야.

이방원은 정몽주를 죽인 것도 모자라 조선 왕조를 설계한 정도전을 죽이고 세자이자 막내
동생인 이방석까지 죽여 버렸어. 이에 화가 난 이성계는 옥새를 들고 함흥으로 낙향해 버렸지.
이방원은 이성계를 한양으로 돌아오게 하기 위해 함흥으로 사신을 보냈어. 그런데 함흥으로 간
사신들은 죽임을 당하거나 감금되어 돌아오질 않았어. 함흥에만 가면 아무리 기다려도 소식이
없다고 해서 '함흥차사'라는 말이 이때 생겼지. 이방원의 끈질긴 설득 끝에 결국 이성계는
한양으로 돌아왔고 이방원을 인정할 수밖에 없었단다.

큰★별쌤 한판 정리

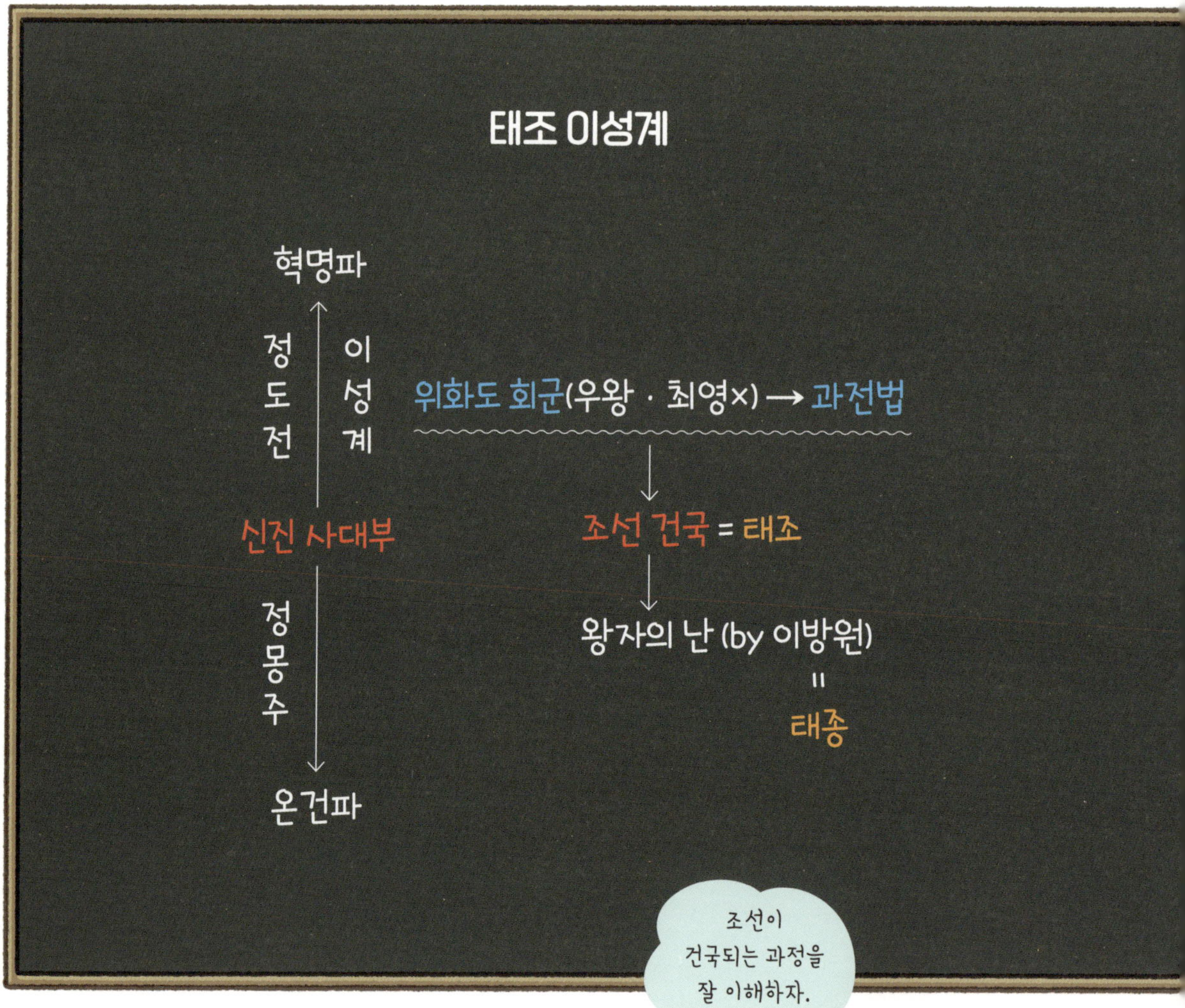

태조 이성계

```
        혁명파
         ↑
  정   이
  도   성    위화도 회군(우왕·최영×) → 과전법
  전   계                ↓
                    조선 건국 = 태조
     신진 사대부              ↓
                    왕자의 난 (by 이방원)
  정                        =
  몽                       태종
  주
         ↓
        온건파
```

조선이 건국되는 과정을 잘 이해하자.

신진 사대부 개혁의 방향을 둘러싸고 정몽주를 중심으로 하는 온건파와 정도전을 중심으로 하는 급진파(혁명파)로 나뉘었어.
위화도 회군 위화도 회군으로 정권을 장악한 이성계는 급진파 사대부와 함께 과전법을 실시하여 권문세족의 힘을 약화시키고 조선을 건국했단다.
이방원 조선 건국 과정에서 세운 공을 인정받지 못하자 왕자의 난을 일으켜 태종으로 즉위했어.

조선의 수도 한양

숙정문

돈의문 ── 사직 ─ 경복궁 ─ 종묘 ── 흥인지문

숭례문

유교 이념에 따라 건설된 도시가 한양이라는 걸 기억하자.

조선의 수도 조선은 한양을 도읍으로 정하고 종묘와 사직을 세웠지.
한양 도성 정도전은 한양 도성의 설계를 담당했어. 정도전은 유교 정신을 담아 도성을 설계하고 유교 덕목인 인(仁)·의(義)·예(禮)·지(智)를 넣어 사대문 이름을 지었단다.

큰★별쌤 별별 퀴즈

1. ★ 안에 들어갈 알맞은 말을 써 볼까요?

- 이성계는 ★★★ 회군으로 개경에 돌아와 정권을 장악하였다.

- 이성계를 중심으로 한 세력은 고려를 멸망시키고 ★★ 을 건국하였다.

- 조선 건국 후 수도를 개경에서 ★★ 으로 천도하였다.

- ★★★ 은 왕자의 난으로 권력을 장악하고 태종으로 즉위하였다.

2. 큰★별쌤과 별별이가 말하고 있는 건축물을 찾아 선으로 연결해 볼까요?

역대 왕과 왕비의 위패를 모시고 제사를 지내던 곳이야.

토지의 신과 곡식의 신에게 제사를 지내던 곳이야.

종묘

사직단

3. 다음 문장이 맞으면 ○, 틀리면 X에 동그라미를 그려 볼까요?

- 고려 말 친원 세력인 신진 사대부가 성장하였다.

- 고려 말 신진 사대부는 고려 왕조를 유지하자는 온건파 사대부와 새로운 나라를 세우자는 혁명파 사대부로 나뉘었다.

- 정도전은 유교 정신을 바탕으로 한양을 설계하였다. ○ X

4. 한양 도성에 위치한 사대문의 알맞은 방향을 선으로 연결해 볼까요?

동	•		• 숭례문	
서	•		• 흥인지문	
남	•		• 돈의문	
북	•		• 숙정문	

큰★별쌤 별별 특강

무학 대사와 한양

어느 날 이상한 꿈을 꾼 이성계는 무학 대사를 찾아가 해몽을 부탁했어.

만 집의 닭들이 '꼬끼오' 하고 동시에 울고 천 집에서 한꺼번에 다듬이 소리가 났으며 낡은 집에서 서까래 셋을 지고 나오는가 하면 꽃이 지고 거울이 떨어져 깨지는 꿈을 꾸었습니다.

이야기를 들은 무학 대사는 닭의 꼬끼오는 고귀위(高貴位), 즉 높고 귀한 지위를 의미하는 것이고, 천 집의 다듬이 소리는 임금을 모실 사람들이 가까이 오고 있음을 알리는 것이며, 꽃이 지면 열매를 맺는 것이 이치고 거울이 떨어지면 소리가 나게 되어 있다고 했어. 그리고 서까래 셋을 사람이 지면 임금 왕(王)자가 된다고 풀이해 주었어. 곧 이성계가 왕이 된다는 이야기였지.

무학 대사의 예견대로 이성계는 조선을 건국하고 왕이 되었어. 조선 건국 후 이성계는 무학 대사를 임금의 스승인 왕사로 모셨지. 이후 이성계는 무학 대사에게 새 수도를 어디로 정할지 알아봐 달라고 했단다. 수도로 적합한 땅을 찾아 이곳저곳을 둘러보던 무학 대사는 한강을 건너 지금의 왕십리에 이르게 되었어. 무학 대사는 왕십리의 넓은 평야에 감탄하며 마침내 새 왕조가 뜻을 펼 만한 곳을 찾았다고 생각했어. 그런데 바로 그때 소를 끌고 가는 노인이 소에게 채찍질을 하며 꾸짖는 소리가 들렸어.

"미련하기가 꼭 무학 같구나. 왜 바른길을 두고 엉뚱한 길로 가느냐!"

무학 대사는 노인에게 다가가 무슨 뜻이냐고 물었지.

"요새 무학이 새 도읍을 찾아다닌다고 하던데 좋은 곳을 두고 엉뚱한 곳을 찾아다니니 어찌 미련하고 한심하다 하지 않을 수 있겠소?"

노인이 보통 사람은 아니라고 생각한 무학 대사는 노인에게 인사를 하며 본인이 바로 그 미련한 무학이라고 말했지. 그리고 더 좋은 도읍지가 있다면 나라의 앞날을 위해 알려 달라고 하였어. 그러자 노인은 여기서부터 십 리를 더 들어가서 살펴보라는 말을 남기고 사라졌어.

노인의 말대로 발걸음을 옮긴 무학 대사는 지금의 경복궁이 있는 자리인 인왕산 아래에 도착했지. 그곳에서 지세를 둘러보니 명당이 아닐 수 없었어. 무학은 이 사실을 곧바로 이성계에게 알렸단다. 이후 한양이 조선의 새로운 수도로 정해졌지. 왕십리라는 지명은 노인이 무학 대사에게 십 리를 더 가라고 했다는 말에서 유래했다고 해.

태조 이성계로부터 신뢰와 존경을 받았던 무학 대사는 조선의 처음이자 마지막 왕사였단다. 조선은 유교 정치 이념을 바탕으로 건국되었기 때문에 불교 국가의 상징적 제도였던 왕사 제도를 그대로 둘 수 없었지. 무학 대사는 왕자의 난이 일어나는 등 정치가 혼란해지자 절에 머물며 수행에 전념하다 일생을 마쳤다고 해.

도전! 한국사능력검정시험

★ 초급 46회 14번

1. (가)~(다)를 일어난 순서대로 옳게 나열한 것은?

(가) 위화도 회군

(나) 과전법 제정

(다) 이성계 즉위

① (가) – (나) – (다)　② (나) – (가) – (다)　③ (나) – (다) – (가)　④ (다) – (나) – (가)

★ 초급 46회 23번

2. (가)에 들어갈 문화유산 스탬프로 옳은 것은?

① 종묘
② 사직단
③ 성균관
④ 명동 성당

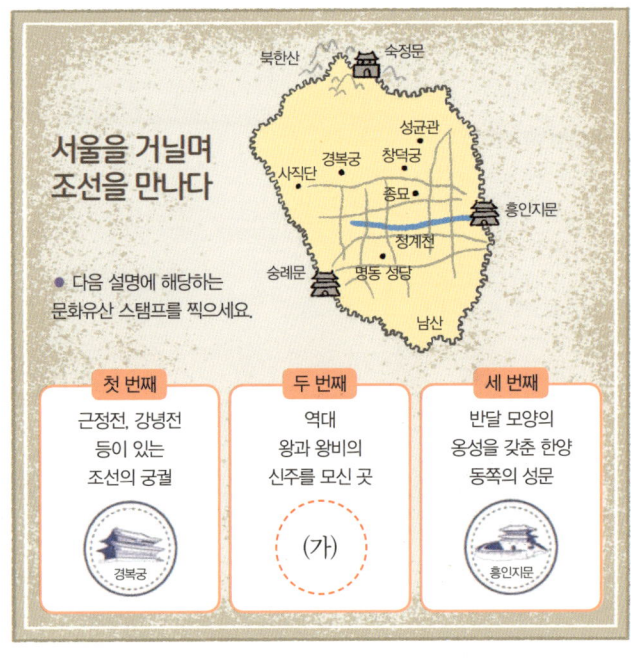

★★★ 기본 47회 18번
3. 다음 자료를 활용한 탐구 주제로 가장 적절한 것은?

> 우왕과 최영이 요동 공격을 결정하자 이성계가 이르기를, "지금 출병하는 것은 네 가지 이유로 불가합니다. 작은 나라가 큰 나라를 공격할 수 없는 것이 첫 번째요, 여름에 군사를 동원할 수 없는 것이 두 번째요, 왜구가 빈틈을 노릴 수 있는 것이 세 번째요, 장마철이어서 활은 아교가 풀어지고 질병이 돌 것이니 이것이 네 번째입니다."라고 하였다.

① 위화도 회군의 배경
② 동북 9성의 축조 과정
③ 훈련도감의 설치 목적
④ 고구려의 남진 정책 추진

★★★ 기본 47회 20번
4. (가)에 들어갈 문화유산으로 옳은 것은?

2020 달빛 야행

태종 때 이궁으로 세워진 (가) 으로 초대합니다. 조선의 정원 조경이 잘 보존된 후원까지 관람할 수 있는 이번 행사에 많은 참여 바랍니다.

● 달빛 따라 걷는 길 : 돈화문 ▶ 인정전 ▶ 낙선재 ▶ 연경당 ▶ 후원 숲길 ▶ 돈화문
● 일시 : ○○월 ○○일~○○월 ○○일 매주 목요일 20시~22시
● 주관 : △△ 문화재단

① 경복궁　　② 경희궁　　③ 덕수궁　　④ 창덕궁

2. 조선의 통치 체제와 대외 관계

고려 초기에 그랬던 것처럼 조선 건국 직후에도 왕권은 그리 강하지 않았어. 건국할 때 공을 세운 사람들에게 권력을 나누어 주어야 했기 때문이지.

특히 조선 건국 직후에는 정도전을 중심으로 재상 중심 정치를 펼쳤단다. 백성을 위한 정치를 잘하려면 왕이 능력 있는 재상에게 정치를 맡겨야 한다고 생각했기 때문이야.

이러한 재상 중심 정치에 불만이 있던 이방원은 왕자의 난을 통해 태종으로 즉위한 뒤, 왕권을 강화하고 나라의 기틀을 마련하기 위해 여러 제도를 실행하였지. 이후 세종은 안정된 왕권을 바탕으로 유교 정치를 더욱 발전시키고, 성종이 통치 질서를 완성하면서 조선은 점차 통치 체제를 갖추게 되었단다. 국가의 기틀을 확립하고 발전해 가는 조선을 만나러 가 보자.

제1차 왕자의 난
1398년

호패법 시행, 전국을 8도로 개편
1413년

1400년
제2차 왕자의 난

1419년
쓰시마섬 정벌

통치 질서의 확립
★왕권을 강화하고 나라의 기틀을 세우다

두 차례에 걸친 왕자의 난을 통해 왕위에 오른 태종 이방원은 왕권을 강화하는 데 온 힘을 기울였어. 우선 신하들이 사사로이 병사를 갖지 못하게 했어. 그리고 행정 실무 관청이 직접 왕에게 보고하여 나랏일을 처리하도록 하는 **6조 직계제**를 실시하였지. 왕 중심으로 정치가 이루어질 수 있도록 한 거야. 또한 지방 행정 제도를 개편하여 전국을 8도로 나누고 각 도에 관찰사를 파견했어. 관찰사는 말 그대로 왕의 명령을 받아 지방을 관찰하는 관리야. 관찰사를 통해 왕의 명령이 직접 백성에게 미칠 수 있었어.

16세 이상의 남자는 모두 호패를 차게 하는 **호패법**도 실시되었어. 호패에는 이름, 나이, 관직명 등을 적었어. 호패법의 실시로 인구수를 정확히 파악하고, 세금을 빠짐없이 걷을 수 있게 되어 나라의 재정이 안정되었단다.

호패 앞면에는 신재묵(申在黙) 을유생(乙酉生) 갑인무과(甲寅武科), 뒷면에는 호패의 발급 연도인 을축(乙丑)이 적혀 있는 호패야. 신재묵이라는 사람이 을유년에 태어나서 갑인년에 무과에 급제했다는 것을 알 수 있어.

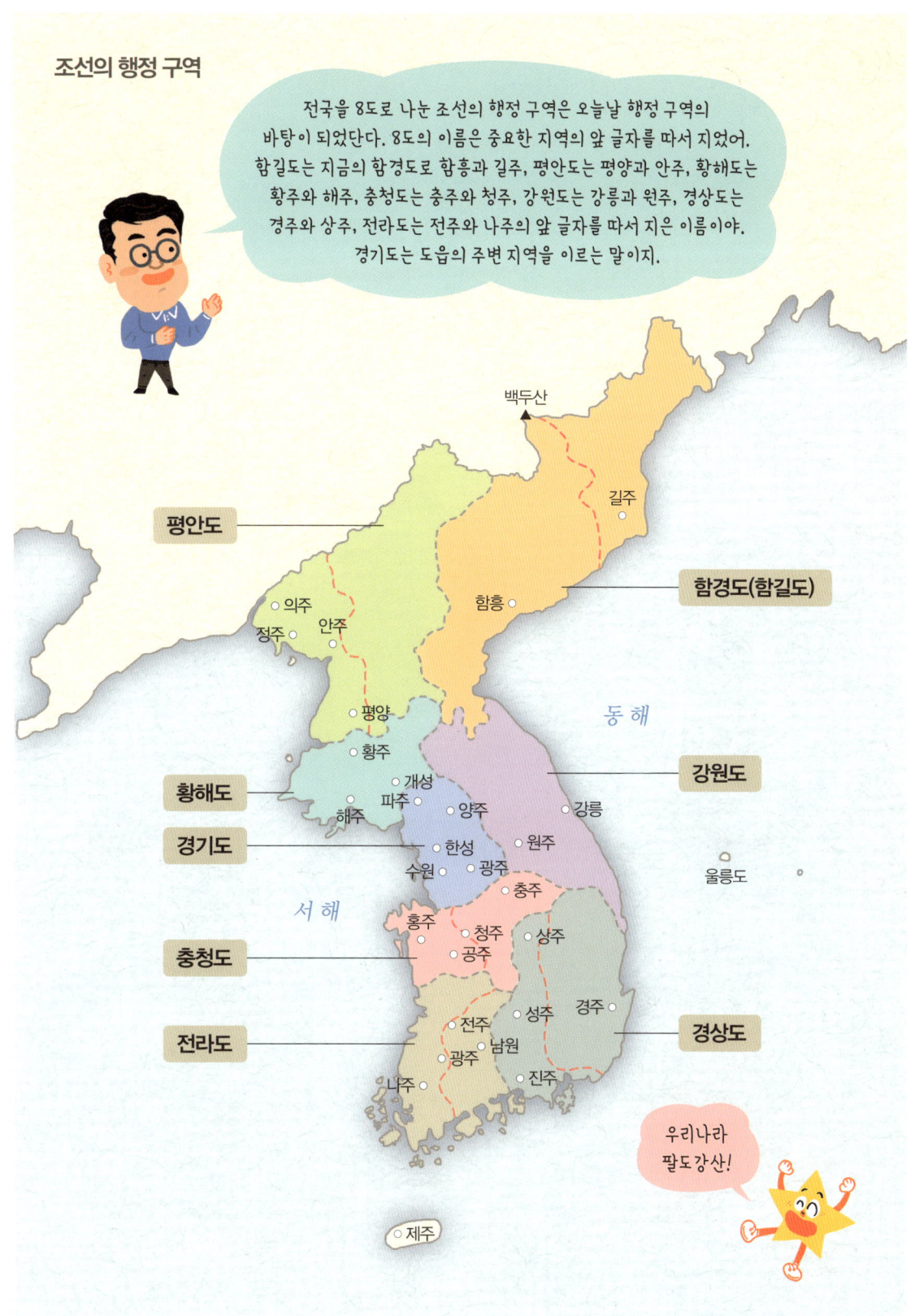

태종의 뒤를 이어 즉위한 세종은 태종이 왕권을 탄탄하게 다져 놓은 덕분에 안정적으로 정치를 펼칠 수 있었어. 세종은 왕과 신하의 조화를 중시하여 나라의 중요한 일을 **의정부**에서 재상들이 합의하여 결정하는 의정부 서사제를 실시하였지. 경연을 열어 신하들과 함께 정책을 토론하고, **집현전**을 설치해 학문과 정책 연구에 힘쓰도록 했으며 훈민정음을 창제했어. 또 세금 제도를 개편해서 백성들의 부담을 줄여 주고자 했단다.

경연은 왕이 공부하는 자리야. 왕이 신하들과 함께 유교 경전을 공부하고 중요한 나랏일을 함께 토론했지. 세종과 성종은 학문에 관심이 많았고, 정책에 대한 신하의 의견을 듣고자 경연을 활발히 운영했어. 특히 성종은 매일 세 번씩 경연에 참석했다고 해.

세종의 뒤를 이은 문종이 몸이 약해 일찍 죽은 뒤 어린 단종이 왕이 되자, 수양 대군은 단종을 몰아내고 반대파를 숙청한 뒤 권력을 장악했어. 이렇게 왕위에 오른 세조는 왕권을 강화하기 위해 6조 직계제를 다시 실시하여 의정부의 권한을 약화시키고, 집현전을 폐지하였으며 경연도 열지 않았어. 비록 조카를 끌어내리고 왕위에 올랐지만, 세조는 군사 제도를 정비해 국방을 강화하고 현직 관리에게만 토지를 지급하는 **직전법**을 실시하여 나라의 재정을 안정시켰으며 《경국대전》을 편찬하기 시작하는 등 중앙 집권 체제를 강화하기 위해 노력했지.

　　이후 성종은 집현전을 계승한 홍문관을 설치하고 세조 때 중단되었던 경연을 다시 열었단다. 그리고 세조 때 편찬하기 시작한 《경국대전》을 완성했어. 통치의 기준이 되는 법전인 《경국대전》을 완성함으로써 국가의 통치 질서를 확립했단다.

조선의 중앙 정치는 의정부와 6조를 중심으로 이루어졌어. 의정부는 영의정, 우의정, 좌의정의 3정승이 합의에 의해 국가 주요 정책을 결정했어. 왕과 의정부 아래 이조, 호조, 예조, 병조, 형조, 공조의 6조가 행정 실무를 담당하며 의정부에서 결정된 사항을 실제로 추진했어. 또 사헌부, 사간원, 홍문관의 3사를 두어 관리를 감찰하거나 왕에게 학문과 정치에 대한 직언을 하게 하는 등 언론 역할을 담당하게 했어.

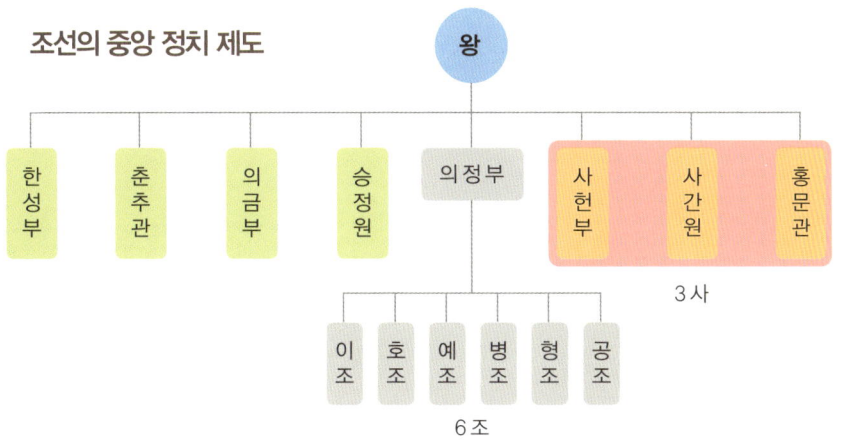

교육 제도와 관리 등용 제도
⭐ 과거 시험을 통해 관직에 나가다

조선 시대에 나랏일을 하는 관리는 어떻게 뽑았을까?

조선 시대의 공무원 시험은 **과거**란다. 물론 고려 시대에도 과거가 있었지만 실력보다 음서로 고위 관직에 오르는 경우가 많았어. 공신이나 고위 관리의 자녀는 과거를 보지 않고 관리로 채용될 수 있었던 제도가 음서제였지. 그에 반해 조선 시대에는 과거 시험에 합격하지 않으면 고위 관직에 오르기가 어려웠어. 실력을 더 중시하는 사회가 된 거지.

과거는 원칙적으로 양인이면 누구나 응시할 수 있었어. 하지만 하루 종일 일해야 겨우 먹고살 수 있는 백성들이 따로 시간을 내어 공부한다는 건 거의 불가능했지. 그러다 보니 주로 양반과 중인, 그중에도 특히 양반들이 과거에 응시했단다.

과거 시험은 3년마다 실시되었고, 특별한 경우에 추가 시험을 치르기도 했어. 과거는 문반을 뽑는 문과, 무반을 뽑는 무과, 의학·통역·천문 등의 기술직을 뽑는 잡과로 나뉘었단다. 과거 시험 중에서는 문과가 제일 중요했어. 문과는 유교 경전에 관련된 내용과 문학적 소양을 평가하는 시험으로 1차 시험인 소과와 2차 시험인 대과가 있었어. 소과가 지금의 대학 수학 능력 시험이라면 대과는 공무원 시험이라 할 수 있어. 소과에 합격하면 성균관 입학 자격이 주어졌고 하급 관리직에 채용될 수 있었지.

성균관 출신과 소과 합격생이 응시할 수 있었던 대과는 3년에 한 번 열렸어. 대과의 합격자는 딱 33명뿐이었지. 합격자 중 1등을 **장원 급제**라고 했어. 3년에 한 번 전국에서 33명만 뽑는 시험에서 1등이라니, 정말 대단하지? 그래서 장원 급제한 사람은 다른 합격생보다 높은 관직을 받고 그 사람의 가문은 명문가로 인정받았어.

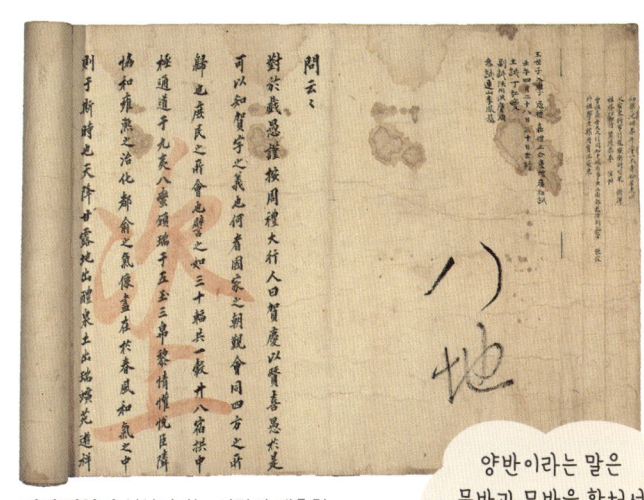

과거 답안지 심상기라는 사람이 제출한 과거 시험 답안지야.

함경도 지방의 과거 시험 함경도 길주목에서 실시된 과거 시험 장면을 그린 기록화야. 관아 건물에서는 문과 시험이, 너른 마당에서는 말타기와 활쏘기 등 무과 시험이 치러지고 있어.

양반이라는 말은 문반과 무반을 합쳐서 부르는 말이야.

과거를 보려면 어렸을 때부터 공부를 많이 해야 했어. 초등학교에 다닐 나이가 되면 서당에서 《천자문》과 《소학》을 공부했어. 중·고등학교에 다닐 나이쯤 되면 그 지역의 향교에 들어가 유학을 공부했지. 소과에 합격하면 대학인 **성균관**에 입학할 수 있었지. 요즘과 별반 다르지 않지?

성균관은 한양에 있는 조선 시대 최고의 교육 기관이었어. 성균관에서 열심히 공부해서 대과에 합격하면 관리가 될 수 있었지. 대과는 성균관 유생이 아니더라도 소과 합격자라면 응시할 수 있었어.

향교 유학을 교육하기 위해 나라에서 설립한 지방 교육 기관이야.

서당 사설 교육 기관인 서당에서는 주로 아이들에게 한문을 가르쳤어.

공부하기 싫다

명륜당 성균관 유생들이 수업을 받는 강당이야.

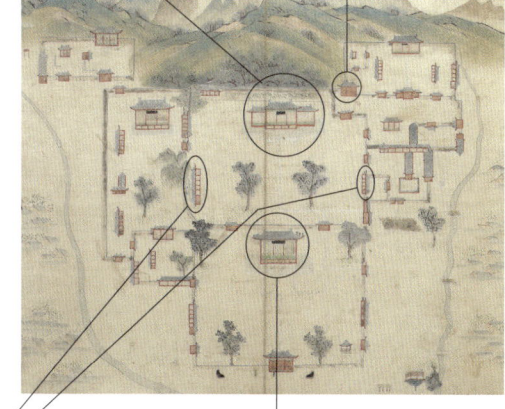

존경각 성균관의 도서관이야.

성균관 배치도

성균관의 북 동재의 걸려 있는 북이야. 북을 한 번 치면 침상에서 일어나고, 두 번 치면 옷을 입고 글을 읽으며, 세 번 치면 유생들의 전용 식당인 진사 식당에 모여 식사를 했어.

서재·동재 성균관 유생들의 기숙사야.

대성전 공자의 위패를 모신 곳이야.

별별 역사 속으로 | 성균관 유생은 어떻게 생활했을까?

성균관 입학하기

성균관은 조선 시대 최고 학교로 유일한 국립 대학이었지. 그래서 전국의 수재들이 성균관에 입학했단다. 성균관의 정원은 200명에 불과했는데 정식으로 성균관에 입학하려면 소과에 합격해 생원이나 진사가 되어야 했어. 이렇게 정식 입학 과정을 거친 이들을 '상재생'이라고 불렀어. 상재생으로 정원을 다 뽑지 못하면 나머지 인원을 간단한 시험을 통해 양반 사대부 자제들 중에서 뽑았는데, 이들을 '하재생'이라고 불렀지. 상재생과 하재생은 기숙사 배치부터 식사까지 대우가 달랐어. 성균관에 입학한 유생들은 기숙사 동재와 서재에서 생활했는데, 상재생들은 수업이 이루어지는 명륜당과 더 가까운 방을 배정 받았어. 상재생들은 2~4명이 한 방에서 함께 지냈지만, 하재생들은 10명까지 한 방에서 생활했어. 또 상재생은 식비와 기숙사비가 모두 무료였지만, 하재생들은 반찬만 무료라서 쌀을 각자 가져와야 했지. 그렇다고 항상 상재생들이 더 뛰어났던 건 아니었어. 세종 때 최항은 하재생으로 성균관에 입학해 여러 차별을 겪었지만 당당히 과거에 장원 급제했단다.

성균관 유생의 하루

성균관에서 생활하기

성균관에서는 식사 시간을 북소리로 알려 줬어. 아무리 입맛이 없어도 유생들은 진사 식당에 모여 식사를 해야 했지. 아침과 저녁 식사 전에 진사 식당에 있는 출석 명부에 서명을 해야 출석 점수 1점을 얻을 수 있었거든. 출석 점수 300점을 채우면 성균관 유생들만 치를 수 있는 과거 시험에 응시할 수 있었어.

성균관에서는 유교의 기본 경전인 사서와 오경을 비롯해 조선과 중국의 법전, 역사책 등을 공부했어. 또 여러 문서에 글 쓰는 방법과 글씨체도 익혔지. 날마다 실시하는 일강, 주마다 평가하는 주강, 달마다 실시하는 월강까지 시험도 많았어. 휴일은 매월 8일과 23일이었는데, 휴일에 유생들은 밀린 빨래를 하거나 부모님을 만났지.

성균관에서 졸업하기

성균관은 나라를 이끌어 갈 인재를 교육하는 기관이었어. 그래서 성균관의 유생들에게는 관리가 될 수 있는 기회가 많았지. 성균관 유생들만 볼 수 있는 관시, 왕이 문묘에 행차할 때 실시한 알성시, 제주도에서 왕에게 진상한 귤을 성균관 유생들에게 주면서 실시하는 황감제 등 성균관 유생들만 볼 수 있는 특별한 시험이 있었어. 과거에 급제하면 나라의 관리로 일하게 되어 성균관을 졸업했단다.

조선 전기 대외 관계 ★ 사대교린의 외교 정책을 쓰다

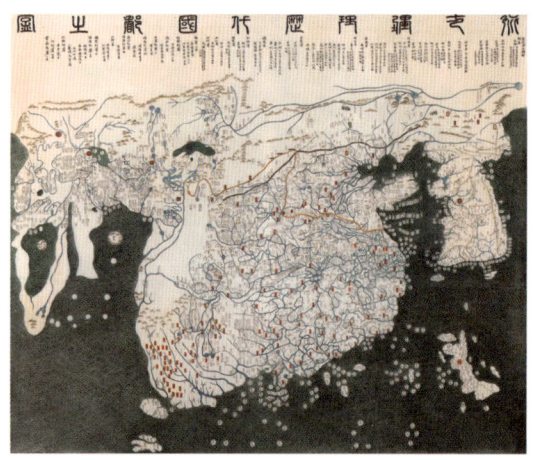

혼일강리역대국도지도 조선 초기에 제작된 세계 지도야. 아시아, 유럽, 아프리카까지 그려져 있고 100여 개의 유럽 지명과 35여 개의 아프리카 지명도 적혀 있어.

〈혼일강리역대국도지도〉는 현재 전하는 동양에서 가장 오래된 세계 지도야. 오늘날의 세계 지도와 비교해 보면 많이 다르지?

이 지도를 보면 당시 조선의 세계관을 엿볼 수 있어. 지도 중앙에 가장 크게 그려진 나라가 바로 중국이야. 조선 시대 사람들은 중국이 세계의 중심이라고 생각했거든. 그래서 중국을 커다랗게 그린 거지. 외교에서도 큰 나라를 섬겨야 한다고 생각해서 중국을 사대했어. 사대(事大)란 약자가 강자를 섬긴다는 뜻이야. 지금 시각에서 보면 썩 기분 좋은 일은 아니지만, 당시에는 이런 외교 관계를 통해 무역이 이루어졌단다.

조선 전기에는 안으로는 왕권 강화와 제도 정비로 사회 안정을 이루었고, 밖으로는 사대와 교린으로 안정적인 대외 관계를 형성했어. 먼저 명과의 관계를 살펴볼까? 조선 건국 초기에는 정도전을 중심으로 요동 정벌이 추진되면서 명과 대립하기도 했지. 하지만 태종이 즉위하면서 요동 정벌은 중단되었고 명과 **사대 관계**를 맺어 외교적 안정을 꾀하였어. 조선이 토산품 등을 조공하면 중국에서 귀하고 비싼 답례품을 보냈지. 이러한 사대 외교를 통해 조선은 중국의 선진 문물을 받아들이고 안정적인 왕권을 유지할 수 있었단다.

주변 나라인 일본, 여진에 대해서는 **교린 정책**을 썼어. 교린(交鄰)은 이웃 나라와 잘 지낸다는 뜻이야. 그렇다고 늘 사이가 좋았던 건 아니었지. 왜구가 바다를 건너와 재물을 빼앗고 백성들을 잡아가는 일이 잦자, 세종은 쓰시마섬(대마도)에 이종무가 이끄는 조선 함대를 파견했어. 이종무는 왜구를 소탕하고 쓰시마섬 도주로부터 다시는 노략질을 하지 않겠다는 약속을 받고 돌아왔지. 이후 조선은 염포(울산), 부산포(부산 동래), 제포(창원 진해)를 열어 일본인들이 필요로 하는 물건을 구입해 갈 수 있도록 했어.

여진도 마찬가지였어. 조선 초기에 여진족이 국경을 넘어와 백성들을 괴롭히자 세종은 최윤덕을 보내 압록강 부근에 4군을 설치하였고, 김종서를 보내 두만강 부근에 6진을 개척했어. 이때 현재와 비슷한 국경선이 만들어졌지. 그 뒤 여진족이 4군과 6진 지역을 다시 넘보지 못하도록 남쪽 지역에 사는 사람들을 그곳으로 이주시켜 살도록 했어.

별별 역사 속으로 ● **조선의 봉수 제도는 어땠을까?**

조선 시대에는 외적이 침입했을 때 어떻게 한양에 알렸을까? 지금처럼 전화도 없는데 말이야. 바로 봉수를 이용했어. 봉수의 '봉'은 횃불을 뜻하고 '수'는 연기를 뜻해. 낮에는 연기, 밤에는 횃불로 위급한 소식을 알렸어.

봉수대는 주로 시야가 탁 트인 산꼭대기에 만들어졌어. 외적이 침입하면 굴뚝에 연기를 피워 신호를 보냈지. 이 신호가 전국 곳곳에 설치된 봉수대를 거쳐 임금이 있는 한양까지 전달된 거야.

봉수대에서 피우는 연기는 평상시에는 한 개, 적이 출현하면 두 개, 적이 국경에 접근하면 세 개, 적이 국경을 침입하면 네 개, 적과 교전하면 다섯 개를 올렸어. 함경도나 평안도의 국경 지역에서 봉수로 신호를 보내면 12시간 안에 한양에 소식이 전달되었다고 해.

봉수대 봉화를 올리던 둑이야. 낮에는 토끼 똥을 태운 연기로, 밤에는 불로 신호를 하였어. 전국에 여러 개가 있었는데 목멱산(남산)은 각 지방의 경보를 중앙에 전달하는 중대한 임무를 전담하는 곳이었어.

큰★별쌤 한판 정리

국가 기틀의 확립
- 태조 : 정도전 (재상↑)
  - 왕자의 난
- 태종 : 6조 직계제, 호패법
- 세종 ─ 의정부 서사제, 훈민정음, 집현전
  └ 교린 외교
      ├ 여진 : 4군(최윤덕) 6진(김종서)
      └ 일본 : 쓰시마섬(이종무)
- 세조(← 계유정난) ─ 6조 직계제, 집현전 ×
                  └《경국대전》△, 직전법
- 성종 : 홍문관,《경국대전》○

태종 왕권을 강화하기 위해 6조 직계제를 실시하고 호패법을 마련했어.
세종 의정부 서사제를 실시했고, 집현전을 설치하고 훈민정음을 창제하였어. 여진, 일본과는 교린 외교를 했지만 약탈이 계속되자 4군 6진을 설치하고 쓰시마섬을 정벌했어.
세조 경국대전 편찬을 시작하였으며 직전법을 실시하였어.
성종 홍문관을 설치하고 경국대전을 완성, 반포했어.

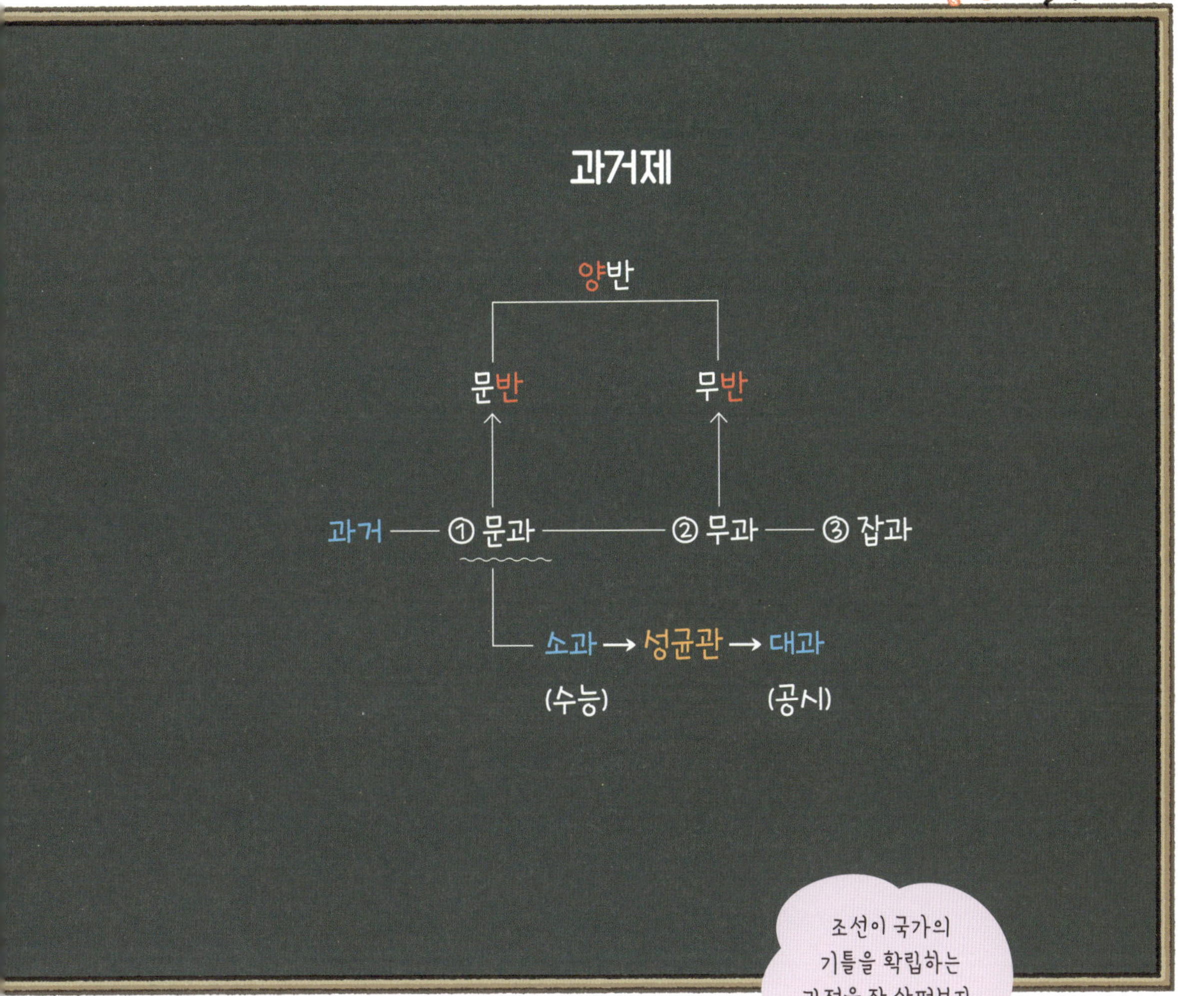

과거제

```
              양반
          ┌────┴────┐
         문반      무반
          ↑         ↑
과거 ── ①문과 ──── ②무과 ── ③잡과
          │
          └─ 소과 → 성균관 → 대과
            (수능)          (공시)
```

조선이 국가의 기틀을 확립하는 과정을 잘 살펴보자.

과거제 과거를 통해 관리를 선발하였어. 과거는 문반을 뽑는 문과, 무반을 뽑는 무과, 의학·통역·천문 등의 기술직을 뽑는 잡과로 나뉘었단다.
문과 소과와 대과로 나뉘었는데 소과에 합격하면 최고 교육 기관인 성균관 입학 자격이 주어졌어. 대과는 소과 합격자와 성균관 출신이 응시할 수 있었고 합격하면 문반 관리가 되었지.

큰★별쌤 별별 퀴즈

1. ★ 안에 들어갈 알맞은 말을 써 볼까요?

- 태종은 인구 파악을 위해  법을 시행하였다.

- 조선 시대에는 전국을 8도로 나누고 각 도에  사를 파견하였다.

- 세종은 학문 연구 기관인  전을 설치하였다.

- 세조는 현직 관리에게만 토지를 지급하는  법을 실시하였다.

- 성종은 집현전을 계승한  관을 설치하였다.

2. 큰★별쌤이 설명하고 있는 곳의 이름을 알아맞혀 볼까요?

조선 최고의 국립 대학이야. 소과에 합격하면 입학 자격이 주어졌지.

① 집현전　　② 성균관　　③ 의정부　　④ 서원

3. 다음 문장이 맞으면 ○, 틀리면 ✕에 동그라미를 그려 볼까요?

- 조선 시대 과거는 문과, 무과, 잡과가 실시되었다.

- 성종은 계유정난을 통해 정권을 장악하고 왕위에 올랐다.

- 조선 시대에는 봉수를 통해 나라의 위급한 상황을 알렸다.

- 조선의 기본 법전인 경국대전은 태종 때 만들기 시작하여 세종 때 완성되었다.

4. 조선 전기 대외 관계와 관계 있는 인물을 찾아 선으로 연결해 볼까요?

| 여진족을 막기 위해 압록강 유역에 4군을 설치하였다. | • | • 이종무  |

| 여진족을 토벌하고 두만강 근처에 6진을 설치하였다. | • | • 최윤덕  |

| 왜구의 침입을 막기 위해 전함을 이끌고 쓰시마섬을 정벌하였다. | • | • 김종서  |

큰★별쌤 별별 특강

끝까지 충절을 지킨 사육신

　세종의 맏아들 문종은 아버지를 빼닮아 공부를 좋아하고 성품이 뛰어났어. 무려 30년 동안 세자로서 아버지 세종을 도왔지. 하지만 몸이 약해 왕이 된 지 얼마 되지 않아 12세의 어린 단종에게 왕위를 물려주고 세상을 떠나고 말았어. 왕이 어린 경우, 왕의 어머니나 할머니가 수렴청정을 통해 대신 나랏일을 보기도 하는데 단종에게는 이마저도 없었어. 대신 세종은 아들이 많았기 때문에 단종에게는 많은 삼촌들이 있었어. 그중 수양 대군은 능력이 뛰어나고 야망이 넘쳤지만 둘째 아들이었기 때문에 왕위에 오를 수 없었지.

　이를 걱정한 문종은 죽기 전에 김종서와 황보인 등 의정부 재상들에게 어린 단종을 잘 보필해 달라고 부탁하였단다. 하지만 문종이 죽고 재상들 중심으로 정치가 이루어지자 수양 대군은 왕위를 빼앗을 계획을 세웠어. 수양 대군은 김종서에게 역모 혐의를 씌워 죽인 뒤, 단종의 명이라고 속여 단종을 보호하던 신하들을 궁궐로 불러들여 죽이거나 귀양을 보냈지. 동생인 안평 대군마저 역모 세력과 한패라며 귀양을 보냈다가 결국 사약을 내렸단다. 이 사건을 계유정난이라고 해. 계유정난을 통해 수양 대군이 권력을 장악하자 결국 단종은 수양 대군에게 옥새를 내주고 왕위에서 물러났어.

　이렇게 수양 대군이 왕위에 오르자 신하들은 크게 분노했단다. 이에 임금을 호위하는 별운검으로 일하던 유응부를 비롯한 몇몇 신하들은 단종 복위를 계획하고 기회를 엿보고 있었어. 때마침 명의 사신을 맞이하는 잔치가 궁에서 벌어지자 유응부는 세조와 그를 지지하는 신하들을 제거할 계획을 세웠단다.

　하지만 세조의 참모였던 한명회가 잔치에 별운검을 세우지 않도록 건의하면서 거사 계획에 차질이 생겼지. 그러자 불안해진 김질의 배신으로 단종 복위 운동이 발각되고 말았어. 세조는 단종 복위 운동을 계획한 사람들을 직접 신문했어. 박팽년, 성삼

문, 이개, 하위지, 유성원, 유응부는 목숨을 구걸하지 않고 세조를 나리라고 부르며 왕위 찬탈을 비판했어. 결국 여섯 명의 충신은 처형당했지. 이렇게 단종의 복위를 꾀하다가 처형된 여섯 명의 충신을 사육신이라고 불러. 세조는 이들을 처단하면서 "지금은 난신이지만 후대에는 충신이 되겠구나."라고 말했다고 해. 세조는 자신과 사육신이 역사에서 어떻게 평가될지 알았던 거야.

단종 복위 운동이 실패한 뒤 단종은 강원도 영월로 유배되었고 결국 그곳에서 죽고 말았단다. 이후 조정에서는 사육신의 의리와 충절에 대한 논의가 끊임없이 이어졌고 결국 정조 때 사육신은 충신으로 인정받았어.

도전! 한국사능력검정시험

★★★ 기본 48회 20번
1. 밑줄 그은 '이 왕'의 업적으로 옳은 것은?

① 4군 6진을 개척하였다.
② 경국대전을 완성하였다.
③ 대동여지도를 제작하였다.
④ 백두산정계비를 건립하였다.

★★★ 기본 49회 20번
2. (가)에 들어갈 내용으로 옳은 것은?

① 향교
② 성균관
③ 육영 공원
④ 4부 학당

★★★ 기본 50회 17번

3. 밑줄 그은 '이것'으로 옳은 것은?

① 교지
② 족보
③ 호패
④ 공명첩

조선 시대로 떠나는 시간 여행

조선 시대 16세 이상의 남자들이 신분을 증명하기 위해 몸에 차고 다녔던 이것을 관람하고, 직접 만들어 보는 체험 활동이 이루어집니다.

• 일시: 2020년 ○○월 ○○일~○○일
• 장소: ◇◇ 민속촌 전시실 및 체험실

★★★ 기본 50회 19번

4. (가) 왕의 정책으로 옳은 것은?

① 경복궁을 중건하였다.
② 직전법을 실시하였다.
③ 초계문신제를 시행하였다.
④ 5군영 체제를 완성하였다.

조선 제7대 국왕 (가) 의 모습을 담은 밑그림이 공개되었습니다. 이것은 일제 강점기에 어진 모사본을 옮겨 그리는 과정에서 제작되었습니다. (가) 은/는 6조 직계제를 다시 시행하는 등 왕권 강화를 위해 노력하였습니다.

○○ 박물관 (가) 의 어진 밑그림 첫 공개

3 조선 전기의 문화 발전

조선은 500년 역사의 문을 열고 새로운 시대로 도약하기 위해 안으로는 왕권을 강화하고 통치 체제를 정비했어. 밖으로는 사대와 교린으로 안정적인 대외 관계를 형성했지. 이를 바탕으로 세종 때 자주적인 민족 문화를 꽃피웠단다. 우리 고유의 문자, 훈민정음도 이때 창제되었어.

조선은 백성들이 나라의 근본이라는 유교적 민본주의를 추구했어. 그래서 15세기에는 백성들의 생활에 도움이 되는 실용적인 과학 기술이 크게 발전했단다. 장영실은 천민 출신이었지만, 과학 기구를 제작하는 데 큰 공을 세워 신분 상승을 이루기도 했지. 조선 전기에 발전한 민족 문화를 만나러 얼른 가 보자.

- 1395년 〈천상열차분야지도〉 완성
- 1418년 세종 즉위
- 1429년 《농사직설》 편찬
- 1446년 훈민정음 반포

집현전 설치 ★ 능력 있는 학자를 길러 내다

조선은 세종 때 과학 기술과 민족 문화가 크게 발전했어.

세종은 경복궁 안에 **집현전**을 설치했지. 집현전은 현명한 학자를 모은 곳이라는 뜻이야. 세종은 젊은 학자들을 모아 집현전에서 마음껏 학문을 연구할 수 있도록 했어. 세종은 좋은 제도를 만들기 위해 집현전 학자들과 수없이 토론했지. 집현전 학자들은 학문 연구 외에도 외교 문서를 작성하거나 세자를 가르치기도 했어. 세종은 집현전에 많은 책을 마련하고 학자들이 학문 연구에만 몰두할 수 있도록 따로 휴가를 주기도 했단다. 집현전 학자들을 진심으로 아꼈던 세종의 모습을 알 수 있겠지?

경복궁 수정전 수정전은 세종 때 집현전으로 쓰이던 건물로, 임진왜란 때 소실되었다가 고종 때 재건되었어.

훈민정음 창제 ★ 백성을 위한 글자를 만들다

세종의 업적 중 으뜸은 우리 민족 고유의 글자인 **훈민정음**을 창제한 일이야. 훈민정음은 한글의 원래 이름이야. 한글은 일제 강점기에 활동한 한글학자 주시경이 붙인 이름이지. 훈민정음은 '백성을 가르치는 바른 소리'라는 뜻이야. 훈민정음 해례본에는 세종이 훈민정음을 만든 이유가 적혀 있어.

나라의 말이 중국과 서로 달라 한자로는 서로 통하지 아니할세. 이런 까닭으로 어리석은 백성이 말하고자 하는 바가 있어도 마침내 제 뜻을 능히 펴지 못할 사람이 많으니라. 내가 이를 가엾게 여겨 새로 스물여덟 자를 만드니 사람마다 하여금 쉽게 익혀 날마다 씀에 편안케 하고자 할 따름이니라.

첫 번째 이유는 우리말이 중국과 다르기 때문이야. 두 번째 이유는 누구나 쉽게 배워서 자신의 생각을 글로 표현할 수 있게 하기 위해서야. 세종이 어떤 생각으로 나라를 다스렸는지 알 수 있지?

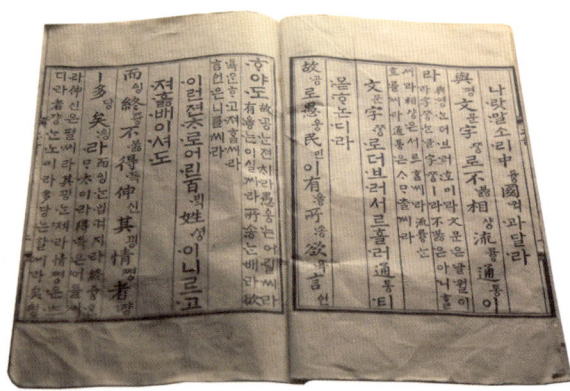

훈민정음 언해본 한문으로 펴낸 훈민정음 해례본 가운데 세종대왕이 직접 지은 서문과 예의 부분만을 우리글로 풀어 펴낸 책이야.

훈민정음 창제의 취지와 원리는 《훈민정음 해례본》의 서문과 예의 부분에 자세히 적혀 있단다.

별별 역사 속으로 ● 한글의 창제 원리를 알아볼까?

한글은 독창적이고 과학적일 뿐만 아니라 누구나 쉽게 배울 수 있는 문자야.
자음의 기본 글자인 ㄱ, ㄴ, ㅁ, ㅅ, ㅇ은 발음 기관의 모양을 본떠 만들었어. 발음이 비슷한 글자들은 이 기본 글자에 획을 더했지. 모음은 천, 지, 인, 즉 하늘, 땅, 사람의 모습을 본뜬 기본 글자인 ·, ㅡ, ㅣ를 결합하여 만들었어.

자음 ㄱ, ㄴ, ㄷ, ㄹ, ㅁ, ㅂ, ㅅ, ㅇ, ㅈ, ㅊ, ㅋ, ㅌ, ㅍ, ㅎ, ㆆ, ㆁ, ㅿ
모음 ·, ㅏ, ㅑ, ㅓ, ㅕ, ㅗ, ㅛ, ㅜ, ㅠ, ㅡ, ㅣ

한글은 초성, 중성, 종성이 합쳐져서 하나의 글자가 돼. 예를 들어 '별'이라는 글자는 초성인 자음 'ㅂ', 중성인 모음 'ㅕ', 종성인 자음 'ㄹ'이 합쳐진 거야. '별'을 뜻하는 영어 단어인 'star'는 글자를 나열해 써야 하지만, 한글은 모아 쓸 수 있어서 같은 공간에 글자를 더 많이 쓸 수 있고 보기도 쉽지. 이렇게 한글의 초성, 중성, 종성을 결합하여 만들어 낼 수 있는 글자의 수는 무려 1만 1172자야.
또 한글은 소리와 글자가 일치하기 때문에 소리 나는 대로 한 음절씩 곧바로 입력할 수 있어. 글자를 빠르게 입력할 수 있기 때문에 속도가 중요한 정보화 시대에 가장 적합한 글자라고 평가받고 있어.

훈민정음이 창제되었을 때 양반들은 격렬하게 반대했어. 최만리는 한글 창제 반대 상소를 올렸지.

첫째, 조선은 그동안 중국의 제도를 따라왔는데 새로운 글자를 사용한다면 대국을 섬기고 중화를 사모하는 데에 부끄러움이 있을 것입니다.

둘째, 글자를 새로 만들어 쓰는 것은 오랑캐나 하는 일입니다.

셋째, 일반 백성들은 신라 시대에 만들어진 이두를 사용하면 되므로 굳이 새로운 글자가 필요 없습니다.

넷째, 한자가 어려워 이를 배우지 못한 백성들이 형벌이나 법도를 몰라 부당한 일을 당한다고 하는데 중국에서도 그러한 일은 많이 일어나고 있으며 이는 형벌과 법도를 관리하는 관료들의 문제를 해결하면 됩니다.

다섯째, 새로운 글자를 만들어 쓰는 것은 매우 중대한 일로 신하들과 충분히 상의하며 진행하지 않고 몇몇 사람을 시켜 추진한 것은 맞지 않습니다.

세종은 이러한 반대를 무릅쓰고 훈민정음을 반포했어. 덕분에 백성들도 쉽게 글자를 배워서 쓸 수 있게 되었고 민족 문화가 발전할 수 있는 토대가 되었어.

한편 조선 시대에는 편찬 사업이 활발해지면서 인쇄술이 발달했어. 고려 때 발명된 금속 활자를 발전시켜 더욱 정교하고 아름다운 금속 활자를 만들어 많은 책을 편찬했단다.

한글 금속 활자 조선 시대 만들어진 한글 금속 활자야.

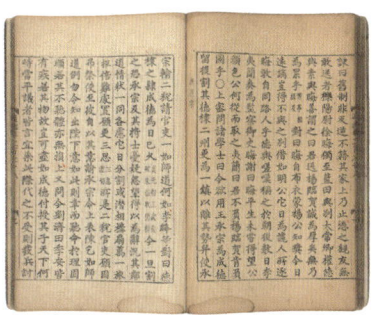

자치통감 구리 활자인 갑인자로 인쇄되었어. 갑인자는 세종 갑인년에 만들어진 활자야.

세종이야말로 조선의 돈키호테라고 할 수 있어. 풍차를 향해 돌격하는 어이없는 모습의 중세 기사를 세종과 비교하는 것은 어불성설이지. 하지만 모두 안 된다고 할 때 백성을 위한 일이라며 한글 창제를 기어이 해내고야 마는 모습에서 돈키호테의 모습이 보이지 않니? 자신의 신념대로 끝까지 해내는 세종은 참 멋진 것 같아.

과학 기술의 발달 ★ 천문 과학과 농업 기술이 발달하다

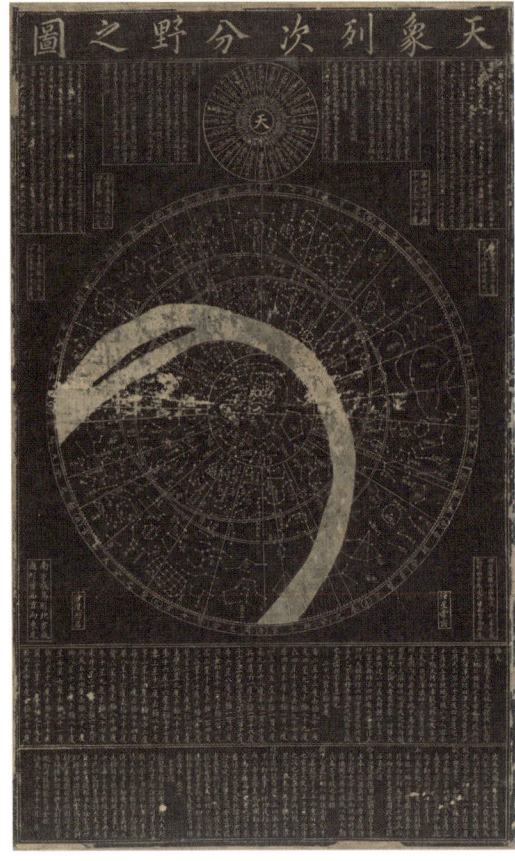

조선 시대 과학 기술이 놀라운걸.

천상열차분야지도(탁본) 고구려 천문도를 바탕으로 우리나라 하늘에서 볼 수 있는 1467개의 별자리의 위치와 모양을 돌에 새겼어.

　세종은 백성의 생활을 안정시키기 위해 농업을 장려했어. 농사를 잘 지으려면 기후가 어떻게 변화하는지 잘 알아야 했지. 그래서 하늘의 움직임을 관찰하는 천문 연구에 많은 노력을 기울였고, 관련된 과학 기구들을 만들었어.
　천체를 관측하기 위해 **혼천의**와 **간의**를 만들고 비가 내린 양을 측정하기 위해 세계 최초로 **측우기**도 만들었어. 세종은 전국에 측우기를 설치해서 강우량을 관측하고 보고하도록 했지.

간의 일정 시간마다 천체의 운행과 현상을 관측하던 기구야. 이천, 장영실 등이 나무로 만들어 실험에 성공하자 구리로 다시 제작했어.

혼천의 지평선을 나타내는 둥근 고리와 지평선에 직각으로 교차하는 자오선을 나타내는 둥근 고리, 하늘의 적도와 위도 따위를 나타내는 원형의 고리를 한데 짜 맞추어 만든 천체 관측 장치야.

측우기 원통형의 그릇에 빗물을 받아 강우량을 측정하는 기구야. 세계 최초로 제작되었지.

비가 얼마나 왔는지 재어 보아라

천문학이 발달하자 역법도 발전했지. 세종은 조선 한양을 기준으로 날짜와 계절의 변화를 계산하는 방법을 기록한 **《칠정산》**을 편찬했어. 그동안은 중국을 기준으로 계산한 달력을 사용했기 때문에 날짜와 시간이 우리나라와 맞지 않아 불편했거든. 《칠정산》의 칠(七)은 월 · 화 · 수 · 목 · 금 · 토 · 일을 의미해. 우리나라의 시간을 기준으로 달력을 만들었다는 것은 우리가 시간의 주권을 가지게 되었다는 의미란다.

七政算
內篇

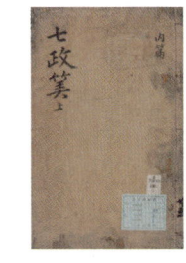

칠정산 조선 한양의 하늘을 기준으로 해, 달, 수성, 금성, 화성, 목성, 토성의 측정 방법을 기록한 책이야. 칠정산에서 기록한 일곱 개의 별은 오늘날 일, 월, 화, 수, 목, 금, 토요일과 일치해.

자격루의 원리

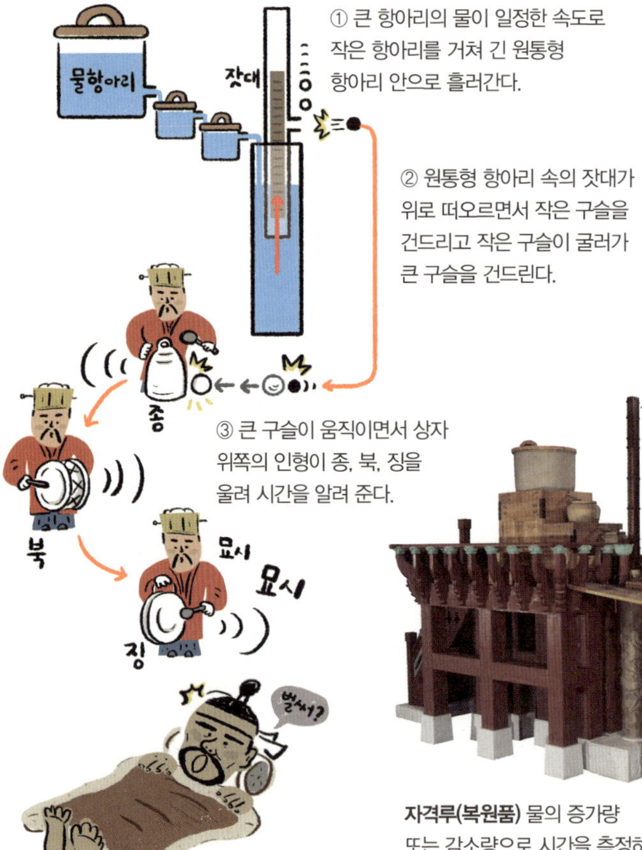
물항아리
잣대
① 큰 항아리의 물이 일정한 속도로 작은 항아리를 거쳐 긴 원통형 항아리 안으로 흘러간다.
② 원통형 항아리 속의 잣대가 위로 떠오르면서 작은 구슬을 건드리고 작은 구슬이 굴러가 큰 구슬을 건드린다.
③ 큰 구슬이 움직이면서 상자 위쪽의 인형이 종, 북, 징을 울려 시간을 알려 준다.
종
북
묘시
묘시
징
벌써?

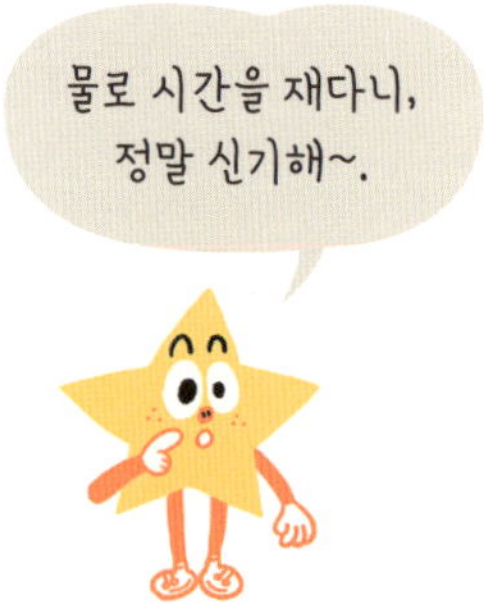
물로 시간을 재다니,
정말 신기해~.

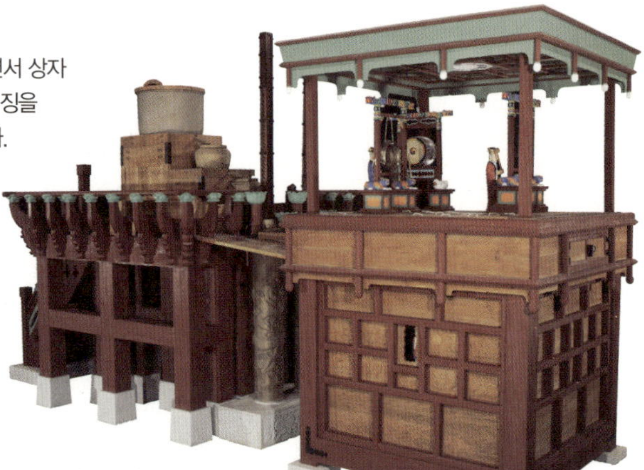

자격루(복원품) 물의 증가량 또는 감소량으로 시간을 측정하는 물시계야. 자격루는 '스스로 치는 시계'라는 뜻이야.

시간을 잴 수 있는 시계도 만들었어. 솥뚜껑을 뒤집어 놓은 모양인 **앙부일구**는 바늘의 그림자가 가리키는 눈금으로 시각을 알 수 있었지. 세종은 모든 백성이 오가면서 시간을 알 수 있도록 도성 한복판에 앙부일구를 설치했지. 최초의 공공 시계인 셈이야.

그런데 해가 없는 밤이나 흐린 날에는 그림자가 없어서 앙부일구로 시간을 잴 수 없었겠지? 그런 경우를 대비해 만든 것이 **자격루**야. 물을 이용해서 스스로 종을 치는 자동 시계란다.

그밖에도 세종은 우리나라 상황에 맞는 농법서 《**농사직설**》을 편찬했어. 그동안 사용한 중국의 농법서는 우리나라 자연 환경과 달라 맞지 않는 부분이 많았어. 그래서 경험 많은 농부들의 농사 지식을 반영해서 우리나라 농민에게 실제 도움이 되는 책을 만들어 전국에 보급했지.

앙부일구 영침의 그림자 끝이 닿는 선을 따라가 읽으면 시각과 절기를 알 수 있어. 앙부일구의 세로선은 시각을, 가로선은 절기, 즉 계절을 표시했어.

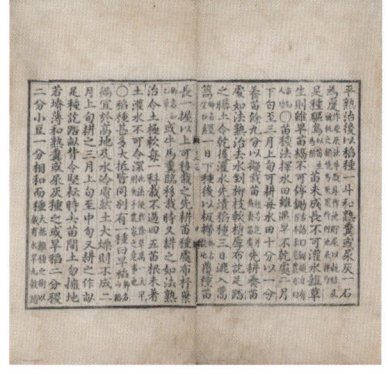

농사직설 각 도의 관찰사가 경험 많은 농부들에게서 들은 농사에 관한 지식을 모아 엮었지. 오늘날 전하는 가장 오래된 농법서야.

세종은 수많은 업적을 남겼어. 세종이 실시한 정책은 물론 세종 때 만들어진 발명품과 책은 모두 백성을 위하는 마음에서 비롯되었지. 그래서 세종에게 대왕이라는 호칭을 붙인 게 아닐까?

그림과 공예 ★양반 중심의 문화가 발달하다

 조선 전기에는 양반을 중심으로 문화가 발달하였어.
 조선 시대에는 나라에서 필요한 그림을 그리는 관청인 도화서가 있었어. 조선 전기의 그림은 도화서 화원이나 선비들에 의해 주로 그려졌단다. 선비들의 취향을 담은 산수화나 선비의 절개와 지조를 나타내는 매화, 난초, 국화, 대나무를 그린 사군자 그림이 유행하였지.

안견의 몽유도원도 화원 안견이 세종의 셋째 아들인 안평 대군의 꿈 이야기를 듣고 그린 그림이야. 그림 왼쪽에는 산과 강을 그려 현실 세계를 나타냈고 중앙에는 무릉도원의 입구를, 오른쪽에는 복숭아나무와 각종 꽃이 어우러진 무릉도원을 표현했어.

 중국 사람들도 엄지를 치켜세울 만큼 아름다운 빛깔을 자랑했던 고려 청자는 고려 말 외적의 침입 등으로 나라가 혼란해지면서 빛깔이 탁해지고 무늬도 단순해졌어. 청자에 백토로 분을 발라 다시 구워 낸 **분청사기**가 등장했지. 소박한 매력을 가진 분청사기는 조선 초기에 크게 유행했어. 분청사기와 더불어 순백색의 **백자**도 많이 사용했는데, 특히 검소하고 청렴한 삶을 추구한 선비들이 좋아했지.

어몽룡의 월매도 어스름한 달빛 아래에 있는 매화나무를 그렸어. 추위 속에서 꽃을 피우는 매화를 고난을 이겨 낸 강인함의 상징으로 여겨 많은 선비들이 그림과 시로 남겼어.

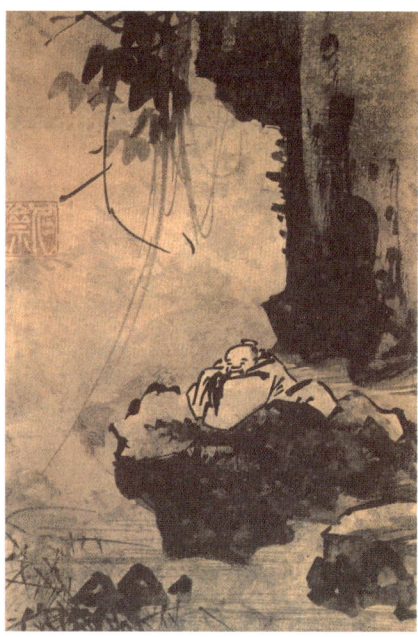

강희안의 고사관수도 덩굴과 절벽을 배경으로 바위에 기대어 엎드린 자세로 물을 바라보고 있는 선비의 유유자적한 모습을 그렸어.

분청사기 철화 어문 항아리 조선 시대에는 고려 시대 유행하던 화려한 청자 대신 소박한 분청사기가 유행했어.

정말 달덩어리 같네~.

백자 달 항아리 깨끗하고 단아한 아름다움을 지닌 백자는 검소하고 청렴한 삶을 추구한 조선 시대 선비의 정신세계를 나타내고 있어.

큰★별쌤 한판 정리

과학 기술의 발달

지리	<혼일강리역대국도> 지도
천문 · 역법	· <천상열차분야> 지도(태조) · 측우기(세계 최초 강우량 측정 기구) · 혼천의, 간의, 앙부일구(해시계), 자격루(물시계) ⎫ 장영실 · 《칠정산》(한양 중심 역법)
농서	· 《농사직설》

+훈민정음 = 세종 → 민족적, 자주적

혼일강리역대국도지도 태종 때 제작된 동양에서 현존하는 가장 오래된 세계 지도야.
천상열차분야지도 태조 때 제작된 천문도로, 고구려의 천문도를 바탕으로 만들었어.
세종 시기 과학 기술의 발전 세종은 장영실과 함께 혼천의, 간의, 앙부일구, 자격루, 측우기 등의 과학 기구를 만들었어. 그중 역법서인 칠정산과 농법서인 농사직설, 훈민정음은 민족적, 자주적 문화의 발달을 보여 준단다.

양반 문화의 발달

	회화	자기
15C	· <몽유도원도>(안견) ─ 도화서 · <고사관수도>(강희안)	분청사기
16C	사군자 └ 매·난·국·죽	백자

> 조선 전기에 과학 기술과 양반 문화가 발달되었다는 것을 잊지 말자.

양반 문화 조선 전기에는 양반 문화가 발달했어.
회화 안견은 안평대군의 꿈 이야기를 듣고 몽유도원도라는 그림을 남겼어. 강희안은 고사관수도를 그렸지. 선비 정신을 상징하는 사군자화도 많이 그렸어.
분청사기와 백자 15세기에는 소박한 매력의 분청사기가 유행하였고 16세기가 되면서 순백의 백자가 유행했어.

큰★별쌤 별별 퀴즈

1. ★ 안에 들어갈 알맞은 말을 써 볼까요?

- 세종은 경복궁 안에  을 설치하여 학문과 정책을 연구하였다.

- 세종은 '백성을 가르치는 바른 소리'라는 뜻을 가진 글자,  를 창제하였다.

- 세종은 백성의 생활을 안정시키기 위해 농민들의 경험을 모아 농서인  을 편찬했다.

2. 큰★별쌤과 별별이가 설명하고 있는 문화유산은 무엇일까요?

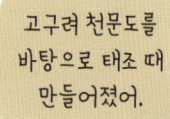
고구려 천문도를 바탕으로 태조 때 만들어졌어.

우리나라의 하늘에서 볼 수 있는 별자리를 새겨 놓았지.

① 앙부일구　　② 천상열차분야지도　　③ 칠정산　　④ 자격루

3. 친구들이 설명하는 문화유산을 찾아 선으로 연결해 볼까요?

4. 다음 문장이 맞으면 O, 틀리면 X에 동그라미를 그려 볼까요?

- 조선 전기에는 양반을 중심으로 문화가 발달하였다.

- 안견은 안평 대군의 꿈 이야기를 듣고 고사관수도를 그렸다.

- 조선 초기에는 청자 흙에 흰 흙을 발라 여러 가지 무늬를 새긴 분청사기가 유행하였다.

큰★별쌤 별별 특강

조선 시대 최고의 과학자 장영실

조선 시대 가장 뛰어난 과학자라고 하면 장영실을 떠올리는 사람이 많을 거야. 장영실은 시계, 천문 관측기구, 금속 활자, 악기 제작에 참여하며 조선 시대 과학 기술 발전에 큰 역할을 했단다.

사실 장영실은 지금의 부산 지역인 동래현 관청에 소속된 노비였어. 장영실의 아버지는 중국 원나라 사람인데 조선으로 귀화하였고 어머니는 관청 소속 기생이었다고 해. 조선 시대에는 어머니가 천민이면 자식 또한 천민이었기 때문에 장영실도 관청의 노비가 되었지. 장영실은 관청에서 필요한 도구를 만드는 데 뛰어난 재주가 있었고, 이 사실이 한양까지 전해져 태종 때부터 궁궐에서 일하게 되었단다.

장영실이 천문에 관한 지식도 해박하다는 것을 알게 된 세종은 장영실을 중국에 파견하여 천문 기술을 배워 오도록 했어. 국비 유학생이었던 셈이지. 세종은 훌륭한 인재에 대해 열린 태도를 가지고 있었기 때문에 장영실이 노비 출신인 걸 문제 삼지 않았어. 장영실은 중국에 가 각종 천문 기구를 익히고 과학 서적을 수집하여 돌아왔지. 세종은 그런 장영실에게 정5품의 벼슬을 내려 천민 신분에서 벗어나게 해 주었어. 이 때부터 장영실은 궁중의 기술자로 일하게 되었단다.

장영실은 이천과 함께 별자리의 움직임을 읽을 수 있는 혼천의, 혼천의를 간단하게 만든 간의, 해시계인 앙부일구, 밤낮으로 시각을 잴 수 있는 해시계인 일성정시의 등을 제작하여 경복궁과 서운관에 설치했어.

또 장영실은 자동 물시계인 자격루를 발명했단다. 밤과 낮, 날씨에 구애 받지 않고 정확하게 시간을 측정하고 싶었던 세종은 장영실에게 새로운 형태의 시계를 만들라고 했지. 이에 장영실은 중국과 아라비아의 자동 물시계를 비교 연구하여 물의 힘으로 스스로 징과 종을 울려 시간을 알리는 자격루를 만들었어. 장영실이 자격루 제작에 성공하자 세종은 장영실을 정4품으로 승진시켰단다. 이렇게 장영실은 세종이 구상하는 수많은 천문 기구를 만들어 냈고 천민 출신임에도 불구하고 정3품 관직까지 올랐지.

그런데 세종의 총애를 받으며 승승장구하던 장영실이 갑자기 역사 속으로 사라지는 일이 생겼어. 임금이 타는 가마 제작을 장영실이 감독했는데 그 가마가 부실하게 만들어져 세종이 타기도 전에 부서져 버린 거야. 하마터면 왕이 다칠 수도 있었기 때문에 장영실과 가마 제작에 참여한 사람들은 처벌을 받을 수밖에 없었지. 장영실은 곤장 100대를 맞는 벌을 받았어. 세종이 곤장 100대를 80대로 줄여 주긴 했지만 이 일로 장영실은 관직을 빼앗겼지. 이후 장영실에 대한 기록은 어디에서도 찾을 수가 없단다. 세종이 그토록 아꼈던 장영실이 하루아침에 역사 속에서 사라지게 된 이유에 대해 수많은 추측이 난무하지만 아직까지 정확하게 밝혀진 건 없단다.

세종은 재주가 있으면 신분의 귀천을 가리지 않고 발탁했고, 아낌없이 지원했어. 이런 세종 덕분에 신분제 사회였던 조선에서 천민 출신인 장영실이 수많은 업적을 남길 수 있었단다.

도전! 한국사능력검정시험

★ 초급 44회 17번

1. 다음 가상 인터뷰에 등장하는 왕의 업적으로 옳은 것은?

① 규장각을 설치하였다.
② 농사직설을 편찬하였다.
③ 경국대전을 완성하였다.
④ 백두산정계비를 세웠다.

★★★ 기본 48회 19번

2. (가)에 들어갈 과학 기구로 옳은 것은?

(가) 는 자동으로 시간을 알려 주는 장치를 갖춘 물시계입니다. 이 시계가 알려 주는 시간에 따라 도성 문을 열고 닫았으며, 궁궐 호위병들은 임무를 교대하였습니다.

① 자격루　　② 측우기　　③ 혼천의　　④ 앙부일구

★★★ 기본 48회 21번
3. (가)에 들어갈 그림으로 옳은 것은?

이 작품은 조선 전기를 대표하는 그림으로, 안평 대군이 꿈에서 본 이상 세계에 대한 이야기를 듣고 안견이 그린 것입니다.

① 무동도　② 세한도　③ 인왕제색도　④ 몽유도원도

★★★ 기본 49회 18번
4. 밑줄 그은 '역법서'로 옳은 것은?

① 금양잡록　② 농사직설　③ 삼강행실도　④ 칠정산

《삼강행실도》 편찬
1434년

4 유교 윤리의 확산과 사림의 성장

고려 말 신진 사대부는 부패한 불교를 비판하고 사람이 지켜야 할 도리를 중요하게 생각하는 성리학을 바탕으로 고려를 개혁하고자 하였어. 조선 건국 후에는 유교 이념에 따라 통치 체제를 정비하고 유교 정치를 펼치기 위해 노력하였지.

유교에서는 나라의 근본은 백성이고 왕은 백성을 위한 정치를 해야 한다고 가르쳤어. 이것을 유교적 민본주의라고 해. 조선의 왕은 유교적 민본주의에 바탕을 둔 정치를 하고자 하였어. 뿐만 아니라 백성들에게 유교 윤리를 보급하기 위해 노력했단다. 이러한 노력으로 조선 사회에는 점점 유교 윤리가 뿌리내렸지.

유교 이념을 바탕으로 성장한 조선은 어떤 사회였는지 알아보러 가 볼까?

무오사화 1498년
중종반정 1506년

1485년 《경국대전》 완성
1504년 갑자사화
1519년 기묘사화
1545년 을사사화

경국대전 ★유교 정신을 담아 법전을 만들다

조선은 유교 이념을 반영하여 나라의 기본 법전인 《경국대전》을 편찬했어. 세조 때 편찬하기 시작한 《경국대전》은 성종 때에 이르러 완성되었어. 《경국대전》은 나라를 다스리고 사회 질서를 유지하는 기준이 되었어. 《경국대전》의 내용을 보면 조선 시대 사회 모습을 엿볼 수 있단다. 《경국대전》에 어떤 조항들이 있는지 살펴볼까?

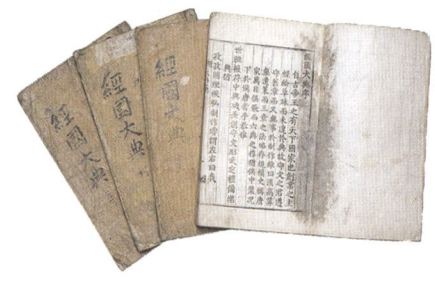

경국대전 조선 시대에 통치의 기준이 된 법전이야.

> 호패를 위조하면 사형에 처하고,
> 가지고 있지 않은 경우에는 곤장 100대를 친다.

호패는 16세 이상의 모든 남자들이 가지고 다녀야 하는 신분증 같은 거라고 했지? 그런데 호패를 위조하면 왜 무거운 형벌을 내렸을까? 조선 시대에는 나라에서 건물을 짓거나 토목 공사를 하면 백성들을 데려다가 짧게는 몇 달, 길게는 몇 년씩 일을 시켰어. 이걸 군역이라고 해. 농사를 지어 먹고살아야 하는 백성들은 군역을 피하고 싶어 호패를 위조하거나 교환하기도 했어. 일할 사람이 없으면 나라 운영이 힘들어지니까 나라에서는 호패 위조를 엄격히 다스렸던 거야.

> 부모가 많이 아프거나 부모 나이가
> 60세가 넘는 남자는 군역을 지지 않아도 된다.

부모가 아프거나 나이가 많으면 군대에 가는 것을 면제해 줘서 부모를 봉양할 수 있도록 했단다.

남자는 15세, 여자는 14세가 되어야 혼인할 수 있다.

《경국대전》에는 혼인할 수 있는 나이도 적어 놓았어. 현재 우리나라에서는 부모의 동의 없이 결혼할 수 있는 나이가 만 19세부터야. 부모의 동의가 있다면 만 18세부터 가능하지.

관청의 노비가 임신한 경우 출산 전 30일, 출산 후 50일 등 총 80일의 휴가를 주고 그 남편에게도 산후 15일의 휴가를 준다.

조선 시대에도 지금의 사회 복지 제도와 비슷한 제도가 있었어. 노비에게 출산 휴가를 보장했을 뿐만 아니라 남편에게도 출산 휴가를 주었지.

지방 수령의 임기는 1800일이다. 뇌물을 받은 관리의 자손은 과거 응시가 금지된다. 백성이 낸 세금을 빼돌린 관리는 그 재산을 몰수하고 본인이 죽어도 그의 아내와 자식에게 재산이 있으면 강제로 받아 낸다.

한 지방에 오래 머물면 지방에서 행정 실무를 담당하는 향리들과 결탁해 부정을 저지를 수 있어서 지방 수령의 임기를 제한했어. 뇌물을 받거나 세금을 빼돌린 관리의 부정부패 역시 엄격하게 다스렸어.

삼강행실도 ★ 유교의 덕목과 도리를 기록하다

조선 정부는 유교 이념을 바탕으로 법전을 만들었을 뿐만 아니라 백성들도 유교 윤리를 배우고 실천하도록 여러 윤리서를 편찬했단다.

세종 때 간행한 **《삼강행실도》**는 글을 잘 모르는 백성들을 위해 유교의 덕목인 삼강에 대해 그림으로 설명해 놓은 책이지. 삼강은 유교에서 중요하게 여기는 세 가지 덕목으로 신하는 임금을 섬겨야 하고, 아내는 남편을 섬겨야 하고, 아들은 아버지를 섬겨야 한다는 내용이지.

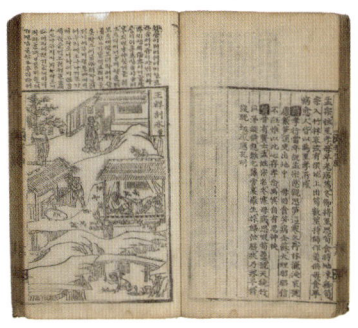

삼강행실도 백성을 교육하기 위한 윤리 교과서라고 할 수 있어. 유교의 덕목을 모범적으로 실천한 충신, 효자, 열녀 등의 이야기가 그림과 함께 실려 있어.

삼강(三綱)

군위신강(君爲臣綱) 신하는 임금을 섬겨야 한다.
부위부강(夫爲婦綱) 아내는 남편을 섬겨야 한다.
부위자강(父爲子綱) 아들은 아버지를 섬겨야 한다.

유교는 지켜야 할 덕목이 많구나~.

또 유교에는 임금과 신하, 아버지와 아들, 남편과 아내, 어른과 아이, 그리고 친구 사이에 서로 지켜야 할 오륜이라는 덕목이 있단다.

오륜(五倫)

군신유의(君臣有義) 임금과 신하 사이에는 의리가 있어야 한다.
부자유친(父子有親) 아버지와 아들은 친함이 있어야 한다.
부부유별(夫婦有別) 남편과 아내 사이에는 구별이 있어야 한다.

장유유서(長幼有序) 윗사람과 아랫사람 사이에는 차례가 있어야 한다.

붕우유신(朋友有信) 친구와 친구 사이에는 믿음이 있어야 한다.

이런 유교의 윤리 규범은 자연스럽게 관례, 혼례, 상례, 제례와 같은 관혼상제에 영향을 미쳤지. 조선의 지배층은 유교 정신을 백성들의 삶에 뿌리내리고자 했지만 일반 백성들은 오랫동안 불교와 민간 신앙을 믿어 왔기 때문에 유교 의식을 따르는 게 쉽지 않았어. 그래서 백성들의 생활 속에 유교가 자리 잡기까지 꽤 오랜 시간이 걸렸단다.

관례 • 상투를 틀고 갓을 쓰는 의식으로 남자들의 성인식이야. 남자는 15세에서 20세 사이에 관례를 올렸지. 여자의 성인식은 '계례'라고 하는데 혼인하기 전이나 15세 전후에 치렀어. 여자는 머리를 올려 쪽을 지고 비녀를 꽂았지.

혼례 • 조선 시대의 혼례 과정은 꽤 복잡했어. 중매인을 통해 집안끼리 혼담이 오가면 신랑 집에서 청혼서와 신랑의 태어난 해, 달, 날, 시간을 적은 사주단자를 보내지. 그러면 신부 집에서 혼인날을 정해 알려 주고 신랑 집에서 혼인 선물을 담은 '함'을 보낸단다. 그러고 나서 신부 집에서 혼인 예식을 치렀지.

상례 • 죽은 사람을 떠나보내는 의식이야. 조선 시대에는 부모의 상을 당하면 삼년상을 치르는 것이 자식의 도리라고 생각했어. 자식들은 벼슬이나 농사일을 그만두고 부모님의 무덤 근처에 움막을 짓고 산소를 돌보았지.

제례 • 죽은 조상에게 때마다 제사를 지내는 거야. 보통 제례는 고조부모, 증조부모, 조부모, 부모까지 4대 조상에게 제사를 지내지. 조선 시대에는 죽은 조상도 살아 계신 것처럼 정성을 다해 모시는 것을 '효'라고 생각했어.

신분 제도 ★ 양반 중심의 신분제가 마련되다

삼강오륜을 살펴보면 신분에 따라 지켜야 할 법도와 예절이 많지? 임금과 신하, 남자와 여자, 어른과 아이, 그리고 양반과 평민 등 자신의 처지를 알고 분수에 맞게 행동하라는 게 유교의 가르침이기 때문이야.

조선 시대는 엄격한 **신분 사회**였어. 양반, 중인, 상민, 천민으로 나뉘었지. 신분은 부모로부터 물려받는 것으로 태어나면서 정해졌어.

제일 높은 신분인 양반은 문관과 무관, 그들의 가족과 친척을 말해. 양반은 땅과 노비를 가지고 있어서 비교적 넉넉하게 살았어. 중인은 하급 관리와 전문 직종에 종사하는 사람들이야. 환자를 고치는 의관, 외국 사람의 말을 통역하는 역관 등이 있었지. 상민은 대다수의 백성들로 농업, 어업, 수공업, 상업에 종사하는 사람들이야. 그중 농민이 제일 많았지. 농민은 세금을 부담하고 군인이 되어 나라를 지키기도 하는 등 나라에 큰 역할을 했어. 마지막으로 신분이 가장 낮은 천민은 대다수가 노비였어. 노비는 사고팔거나 물려줄 수 있었지. 가축을 잡는 백정, 묘기를 부리는 광대, 무당이나 기생 등이 천민에 속했단다.

유교 사회인 조선에서는 신분에 따라 의식주까지 달랐어. 양반은 주로 비단옷을 입었지만 백성들은 거친 삼베옷이나 무명옷을 입었지. 또 양반은 기와집에 살고 백성들은 초가집에 살았단다.

태어날 때부터 신분이 정해져 있다고?

김홍도의 벼 타작 일꾼들은 볏단을 메어치며 일을 하고 있는데, 농사일을 감독하는 마름은 술에 취해 긴 담뱃대를 문 채 비스듬히 누워 있어. 신분의 차이를 잘 보여 주는 그림이야.

조선 시대 양반의 옷차림   조선 시대 상민의 옷차림

사림의 성장 ★ 사림이 정치 세력으로 성장하다

이성계를 도와 조선을 건국한 혁명파 신진 사대부들은 조선 초기 많은 개혁을 실시하고 그 공을 인정받아 공신이 되었어. 하지만 시간이 흐르면서 이들은 점차 자신들의 권력 유지에 더 관심을 갖게 되었지. 특히 계유정난이 일어났을 때 세조가 조카인 단종을 몰아내고 왕위에 오를 수 있게 도운 사람들은 훈구 세력이 되어 높은 관직을 차지하며 막대한 재산을 축적하였어. 이러한 훈구 세력을 비판하면서 새로운 정치 세력으로 등장한 사람들이 있었는데, 이들을 **사림**이라고 해.

사림은 조선이 건국될 때 고려에 대한 의리를 중시하며 정치에 참여하지 않고 지방에 내려간 사대부의 제자들이야. 사림은 지방에서 학문 연구에 힘쓰고 인재를 양성하며 도덕과 의리에 바탕을 둔 왕도 정치를 추구했지.

성종은 훈구 세력을 견제하고 왕권을 강화하기 위해 김종직을 비롯한 사림들을 등용했어. 이들은 조선 시대 언론의 기능을 담당한 3사, 즉 사헌부·사간원·홍문관을 장악하고 훈구 세력의 부정과 비리를 비판했어. 이후 사림과 훈구 세력은 대립하게 되었단다.

김종직은 사림 세력의 중심인물로 그의 제자들이 성종 때 많이 등용되었단다.

김종직과 성종의 하사품 대표적인 사림 중 한 명인 김종직에게 성종이 하사한 유리병과 옥벼루야. 성종은 훈구 세력을 견제하기 위해 김종직을 비롯한 영남 출신 사림을 등용했어.

사화의 발생 ★ 훈구와 사림이 대립하다

성종은 사림을 적극 등용하며 우대했지만 성종의 뒤를 이어 연산군이 즉위하면서 상황이 달라졌어. 사림의 언론 활동에 부담을 느낀 연산군과 훈구 세력이 사림을 탄압하기 시작하면서 네 차례의 사화가 일어났단다.

연산군 때 일어난 첫 번째 사화가 **무오사화**야. 김종직이 생전에 작성한 조의제문을 제자인 김일손이 사초에 기록한 일이 발단이 되었어. 조의제문은 항우가 죽인 중국의 왕 의제를 추모하며 김종직이 지은 글이었지. 훈구 세력은 의제와 항우에 빗대어 세조가 어린 단종을 몰아내고 왕위에 오른 일을 비판한 것이라며 사림들을 공격했어. 그러자 연산군은 김일손 등 많은 사림들을 처형했지.

갑자사화 역시 연산군 때 일어났어. 갑자사화는 연산군의 생모인 폐비 윤씨와 관련해 일어난 사화란다. 폐비 윤씨는 성종과 불화를 겪다가 성종의 얼굴에 상처를 내고 쫓겨나 사약을 받고 죽었어. 왕위에 오른 연산군은 뒤늦게 이 사실을 알고 어머니의 죽음과 관련된 사람들을 모두 찾아내어 죽였지. 이때는 사림뿐만 아니라 훈구 세력 역시 큰 피해를 입었어. 두 차례의 사화로 많은 신하를 죽인 연산군은 향락에 빠져 나랏일을 돌보지 않고 나라의 재정을 낭비하며 폭정을 일삼았지.

이에 훈구 세력은 연산군을 내쫓고 중종을 왕으로 추대하는 **중종반정**을 일으켰어. 중종은 훈구 세력의 도움으로 왕이 되었지만, 훈구 세력이 커지는 걸 견제하기 위해 사림을 등용했지. 이때 등용된 사림이 조광조야. 조광조는 왕도 정치를 주장하며 여러 개혁을 추진했어. 조광조는 거짓으로 공을 내세워서 공신이 된 사람들의 공신 자격을 박탈하고 향촌에서 공부한 현명한 선비들을 등용해야 한다고 주장했지. 이렇게 조광조가 훈구 세력을 공격하자 훈구 세력은 일을 꾸몄단다. 훈구 세력은 궁궐의 뜰에서 조씨가 왕이 된다는 뜻의 '주초위왕(走肖爲王)' 글자가 적힌 나뭇잎이 발견되었다며 역모라고 주장했지. 이 일로 조광조를 비롯해 많은 사람들이 목숨을 잃은 **기묘사화**가 일어났어.

　중종의 뒤를 이어 인종이 왕위에 올랐지만, 9개월 만에 죽고 이복동생인 12세의 명종이 왕위에 올랐어. 어린 명종을 대신해 대비 문정 왕후가 수렴청정을 했지. 뒤에서 나랏일을 돌보던 문정 왕후는 자신의 힘을 키우기 위해 동생인 윤원로, 윤원형에게 권력을 몰아주고 인종의 외삼촌인 윤임을 몰아냈어. 결국 외척 세력 간에 권력 다툼이 벌어졌고, 이로 인해 **을사사화**가 일어났지.

조광조 유교적 이상 정치를 실현하고자 다양한 개혁을 시도하다가 기묘사화로 죽임을 당했어.

싸움은 그만!

서원의 발달 ★ 성리학을 보급하고 유학자를 키우다

네 차례의 사화로 큰 피해를 입었지만 사림들은 지방에서 서원과 향약을 기반으로 꾸준히 세력을 키워 나갔어.

서원에서는 명망 높은 유학자에게 제사를 지내고 성리학을 연구하는 한편 지방 양반의 자제들을 가르쳤어. 나라에서는 토지, 노비, 서적 등을 지원해 주거나 세금을 면제해 주면서 서원 설립을 장려했어. 임금이 직접 서원 이름을 지어 주기도 했지. 사림들은 서원을 통해 성리학을 보급하고 자신들의 세력을 키울 수 있었단다.

소수 서원 중종 때 주세붕이 경상북도 영주시의 백운동에 세운 서원이야. 이후 이황의 건의로 명종이 소수 서원이라고 이름을 지어 주었지. 그래서 최초로 사액 서원이 되었어.

임금이 직접 서원 이름을 짓고, 그 이름을 새긴 액자를 내린 서원을 사액 서원이라고 한단다.

사림은 선조 때부터 정치 주도권을 잡게 되었어. 이후 학문과 정치적 입장의 차이로 집단이 나뉘었는데, 이 집단을 **붕당**이라고 해. 붕(朋)은 벗이라는 뜻으로 붕당은 마음이 맞는 벗들끼리 뭉쳐서 만든 당이라는 뜻이야.

각 붕당은 토론을 통해 공론을 형성하여 정치 활동을 했어. 중앙 정치에 참여하지 않은 사림도 서원 활동을 통해 공론 형성에 참여할 수 있었지.

사림들은 서로 도우며 살아간다는 풍속에 유교 윤리를 더해 향촌의 자치 규약인 **향약**을 만들었어. 사림을 비롯한 사대부들은 향약을 통해 유교의 윤리를 가르치면서 향촌에서 그들의 영향력을 키웠지.

향약의 4대 덕목

덕업상권(德業相勸) 좋은 일은 서로 권함

과실상규(過失相規) 과실은 서로 꾸짖음

예속상교(禮俗相交) 예의 바른 풍속으로 서로 교제함

환난상휼(患難相恤) 어려운 일을 서로 도움

큰★별쌤 한판 정리

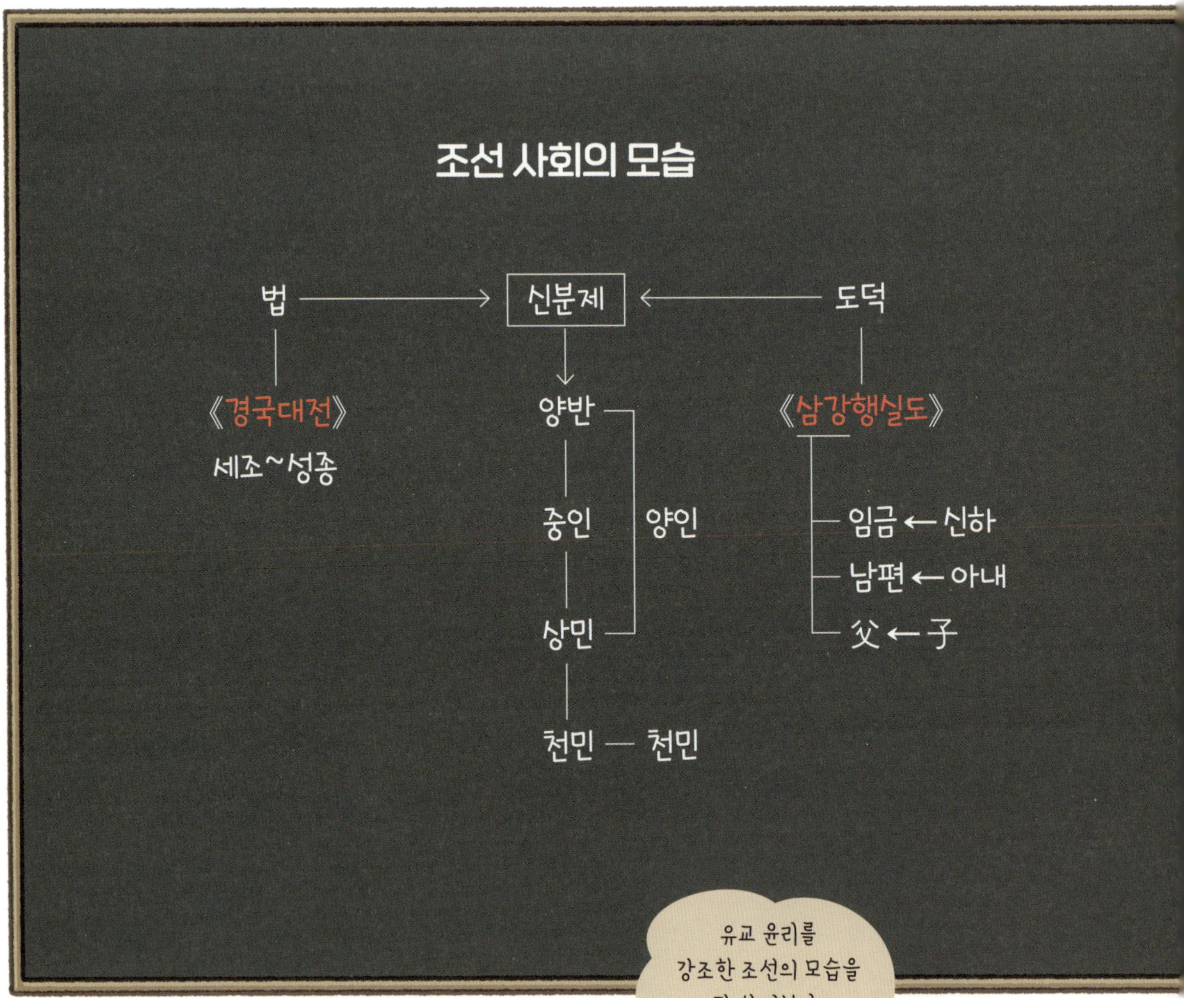

조선 사회의 모습

```
        법 ──────→ 신분제 ←────── 도덕
                     │
    《경국대전》        ▼           《삼강행실도》
     세조~성종        양반              │
                     │                ├─ 임금 ← 신하
                     중인  } 양인      ├─ 남편 ← 아내
                     │                └─ 父 ← 子
                     상민
                     
                     천민 ── 천민
```

유교 윤리를 강조한 조선의 모습을 잘 살펴보자.

신분제 사회 법적으로는 양인과 천민으로 구분되었지만 실질적으로는 양반, 중인, 상민, 천민으로 나뉘었지.

경국대전 편찬 유교 이념을 반영하여 나라의 기본 법전인 경국대전을 편찬했어.

삼강행실도 편찬 백성들도 유교 윤리를 배우고 실천하도록 윤리서인 삼강행실도를 편찬했어.

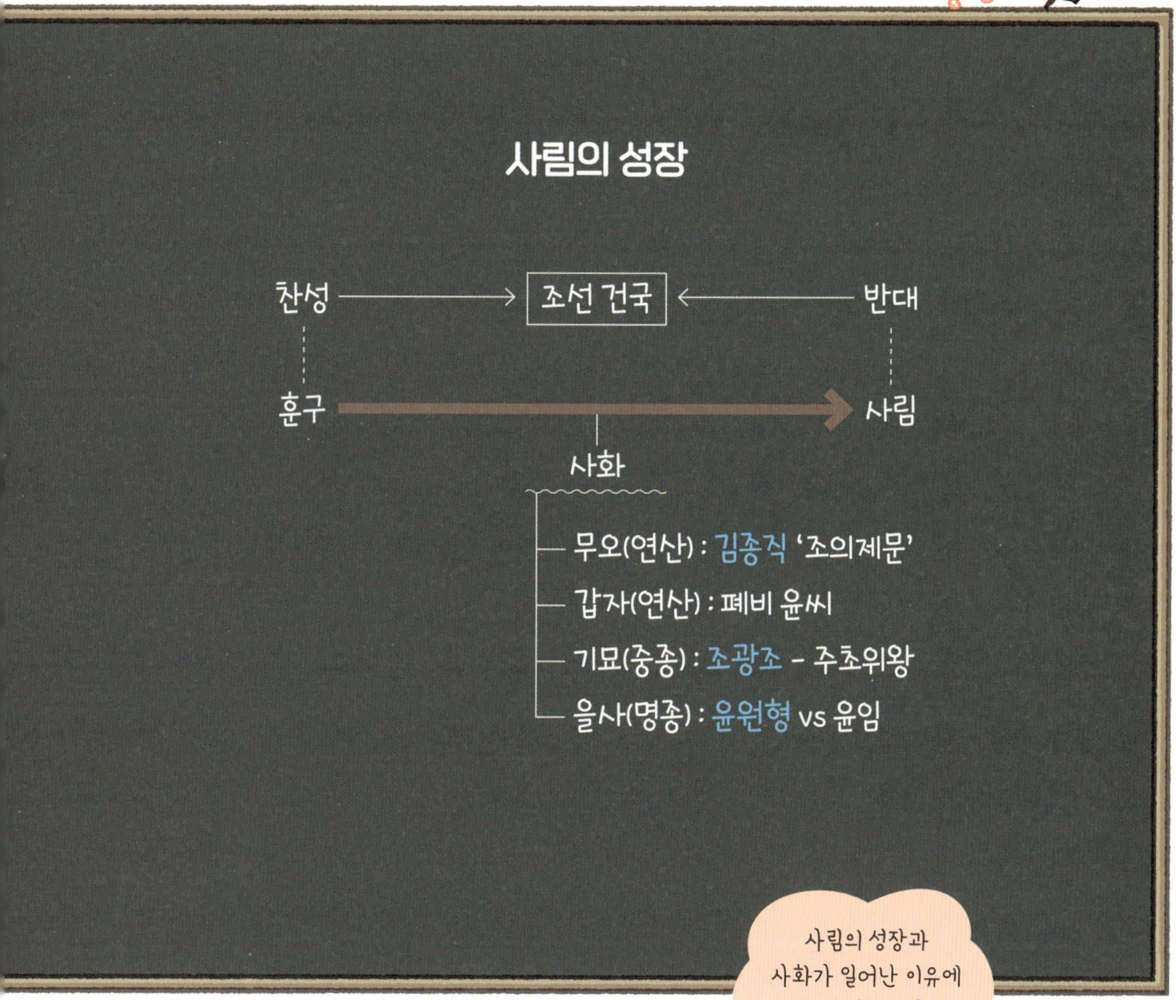

사림의 성장

찬성 ──→ 조선 건국 ←── 반대
﹒   ﹒
훈구 ━━━━━━━━━━━━→ 사림
              사화
              ├─ 무오(연산) : 김종직 '조의제문'
              ├─ 갑자(연산) : 폐비 윤씨
              ├─ 기묘(중종) : 조광조 – 주초위왕
              └─ 을사(명종) : 윤원형 vs 윤임

사림의 성장과 사화가 일어난 이유에 대해 알아보자.

사림의 등용 조선 건국과 세조의 집권을 도운 훈구파 사대부들이 권력을 남용하자 성종은 사림 세력을 등용하였어. 사림과 훈구 세력 사이의 갈등이 발생했지.

사화 훈구 세력은 4차례의 사화인 무오, 갑자, 기묘, 을사사화를 일으켜 사림을 몰아내려고 했어.

사림의 성장 사림들은 지방에서 서원과 향약 기반으로 세력을 키웠어.

큰★별쌤 별별 퀴즈

1. ★ 안에 들어갈 알맞은 말을 써 볼까요?

- 세종 때 백성들이 유교의 덕목을 그림으로 설명해 놓은  행실도를 편찬하였다.

- ★★ 은 성종 때부터 주로 언론을 담당하는 3사의 관원으로 중앙 관직에 진출하였다.

- 훈구 세력과 사림 세력의 갈등이 심화되어 사림이 큰 피해를 입게 된 ★★ 가 일어났다.

2. 큰★별쌤이 설명하고 있는 사건이 무엇인지 알아맞혀 볼까요?

> 중종이 등용한 조광조는 왕도 정치를 주장하며 여러 개혁을 추진했어. 그러자 훈구 세력은 일을 꾸며 조광조가 역모를 계획했다고 주장했어. 결국 조광조를 비롯한 많은 사림들이 목숨을 잃고 말았단다.

① 무오사화　　　② 갑자사화　　　③ 기묘사화　　　④ 을사사화

3. 다음 문장이 맞으면 O, 틀리면 X에 동그라미를 그려 볼까요?

- 조선의 지배층은 백성들이 유교 윤리를 따르지 못하도록 엄격히 금지했다.

- 유교의 삼강오륜에서 삼강은 군위신강, 부위부강, 부위자강이다.

- 조선 시대 역관, 의관 등 전문직에 종사하는 사람은 천민 계층에 속하였다.

- 사림은 지방 곳곳에 서원을 세워 성리학을 연구하고 양반 자제들을 가르쳤다.

4. 친구들이 유교에서 중요하게 생각하는 다섯 가지 덕목인 오륜에 대해 설명하고 있어요. 알맞은 덕목을 찾아 선으로 연결해 볼까요?

붕우유신 •  • 임금과 신하 사이에는 의리가 있어야 한다는 뜻이야.

부자유친 •  • 아버지와 아들은 친함이 있어야 한다는 뜻이야.

군신유의 •  • 친구와 친구 사이에는 믿음이 있어야 한다는 뜻이야.

큰★별쌤 별별 특강

성리학을 발전시킨 이황과 이이

　조선은 건국 이념으로 성리학을 내세우며 이상적인 나라와 임금의 도리를 제시했단다. 16세기에 사림이 중앙 정계에 등장하면서 성리학 연구가 활발하게 이루어졌는데, 특히 이황과 이이는 조선의 성리학 발전에 크게 기여했지.

　퇴계 이황은 성리학을 집대성한 인물이야. 이황은 34세에 대과에 급제하여 벼슬길에 올라 성균관 대사성까지 순탄한 관직 생활을 이어갔단다. 하지만 훈구 세력이 권력을 잡으며 정치가 혼란스러워지자 관직에서 물러나 고향으로 내려가 학문 연구와 제자 양성에 힘을 쏟았어. 조정에서는 다시 관직에 복귀할 것을 권했지만 이황은 이를 거절했어. 거절이 어려울 때는 잠시 관직에 나아갔다가 물러나기를 반복했지. 이황은 140번이 넘는 관직 임명 중 무려 79번을 고사했어. 이황의 제자가 관직에 나아가지 않는 이유에 대해 묻자 이황은 자신이 몸을 바쳐야 할 곳에서 의로움을 실현할 수 없다면 당장 물러나야 한다고 답했어. 이황은 마지막으로 관직에서 물러날 때 수중에 곡식 두어 말밖에 없을 정도로 청렴한 삶을 살았단다.

　또한 이황은 주변 사람들을 따뜻하게 배려했어. 지적 장애가 있는 이황의 아내가 제사상에서 떨어진 배를 치마 속에 감춰 형수에게 꾸지람을 듣자 오히려 아내를 따뜻하게 감싸 주며 배를 직접 깎아 준 이야기, 이황이 제자들을 가르칠 때 숨어서 몰래 듣던 대장장이를 제자로 받아 준 이야기 등이 전해진단다.

　율곡 이이는 이황과 더불어 조선 시대를 대표하는 성리학자야. 이이는 각종 과거 시험에서 장원 급제를 무려 9번이나 하여 '구도장원공(九度壯元公)'이라 불렸어. 이이는 자신이 공부한 성리학을 실천하고자 끊임없이 노력했어. 이황이 관직에 나아가지 않는 것으로 현실에 저항했다면, 이이는 현실 정치에 직접 참여하여 조선 사회를 개혁하고자 했지.

이이는 왕에게 바른말을 간하고 잘못된 일을 바로잡는 데 두려움이 없었어. 이이는 선조에게 '경장'이라는 말을 항상 강조했지. 경장은 느슨해진 악기 줄을 바꾸어 맨다는 뜻이야. 조선이 건국되고 200여 년이 흐르면서 여러 가지 문제점이 생기자, 악기의 줄을 다시 매는 것처럼 사회 제도를 손봐야 한다고 생각한 거지. 이이는 왕도 정치를 실현하기 위한 방법을 담은 《동호문답》을 쓰고, 군사를 길러 전쟁에 대비해야 한다고 주장하는 등 사회 개혁안을 제시했어.

22세의 이이는 당시 대학자로 많은 사람들에게 존경 받고 있던 이황을 찾아가 학문과 세상에 대해 이야기를 나누었지. 이후 두 사람은 35세의 나이 차이에도 불구하고 오랫동안 편지를 주고받으며 의견을 나누었어. 이황과 이이는 생각이 달랐지만 서로 존중하고 아꼈단다.

도전! 한국사능력검정시험

★ 초급 45회 16번

1. (가)에 들어갈 신분으로 옳은 것은?

① 천민
② 귀족
③ 양반
④ 중인

★★ 중급 45회 17번

2. 밑줄 그은 '이것'에 대한 설명으로 옳은 것은?

① 의학 교육을 관장하였다.
② 중앙에서 훈도가 파견되었다.
③ 선현의 제사와 성리학 교육을 담당하였다.
④ 유학부와 기술학부를 편성하여 교육하였다.
⑤ 외국어 통역관 양성을 주된 목적으로 삼았다.

★★★ 기본 49회 19번
3. (가)에 들어갈 내용으로 옳은 것은?

① 경신환국 ② 무오사화 ③ 인조반정 ④ 임오군란

★★★ 기본 50회 18번
4. (가)에 들어갈 책으로 옳은 것은?

① 동의보감
② 악학궤범
③ 삼강행실도
④ 용비어천가

임진왜란, 한산도 대첩
1592년

1593년
행주 대첩

1597년
정유재란

5 임진왜란과 병자호란

　1392년에 조선이 건국된 이래로 200년 동안 전쟁이 없었어. 평화로운 시기가 이어지다 보니 국토를 방위하는 일에 소홀해졌지. 조선과 달리 일본에서는 도요토미 히데요시가 100년 동안 이어진 전국 시대를 통일한 뒤, 내부에서 발생한 불만을 무마하기 위해 대륙 진출을 계획하고 기회를 엿보고 있었어. 마침 명은 황제의 권위가 약해지면서 흔들리고 있었지. 기회라고 생각한 도요토미 히데요시는 명을 정벌하러 가는 길을 내어 달라고 조선에 요구했어. 조선이 거절하자 일본은 1592년 임진년에 군사 16만 명을 이끌고 부산으로 쳐들어왔단다. 그렇게 임진왜란이 시작되었고 조선은 참혹한 전쟁에 시달렸지. 조선이 어떻게 전쟁을 극복했는지 알아보자.

1623년
인조반정

1627년
정묘호란

1636년
병자호란

수군의 활약 ★이순신이 바다에서 승리하다

100년 동안 이어진 전국 시대를 거치면서 전투력이 높아졌을 뿐만 아니라 서양식 신무기인 조총을 사용하는 왜군은 부산진과 동래성을 함락시키고 빠르게 북쪽으로 밀고 올라왔어. 상황이 불리해지자 선조는 궁궐을 버리고 의주까지 피란을 갔어. 왜군은 부산에 상륙한 지 20일 만에 한양을 점령하고 함경도와 평양 일대까지 진격했어.

이렇게 육지에서는 일본에게 속수무책으로 당하고 있었지만 바다에서는 수군이 맹활약했어. 왜군이 쳐들어올 것을 예상한 **이순신**은 미리 거북선과 판옥선을 만들고 군인들을 훈련시켰지. 덕분에 이순신이 이끄는 조선 수군은 경상도 옥포, 당항포, 부산, 한산도 등지에서 연전연승을 거두었어.

이순신은 왜군을 넓은 바다로 유인하여 어느 정도 거리를 둔 다음 화포를 발사하여 공격하는 전술을 사용했어. 왜군의 주력 무기인 조총은 사정거리가 50~100미터인 반면에 조선군의 주력 무기인 화포는 사정거리가 800~1000미터에 이르렀거든. 특히 한산도 대첩에서는 학익진 전술을 이용하여 왜군을 크게 무찔렀지.

조선 수군의 활약으로 곡창 지대인 충청도와 전라도 지역을 지킬 수 있었고, 서남해안을 통해 무기와 식량을 육지로 전달하려던 왜군을 막을 수 있었단다.

부산진 순절도 임진왜란 당시 부산진에서 벌어진 왜군과의 전투 장면을 그린 그림이야. 부산진 성곽을 빈틈없이 둘러싼 왜병의 모습은 당시 일본과 조선의 전력 차이를 그대로 보여 주고 있어.

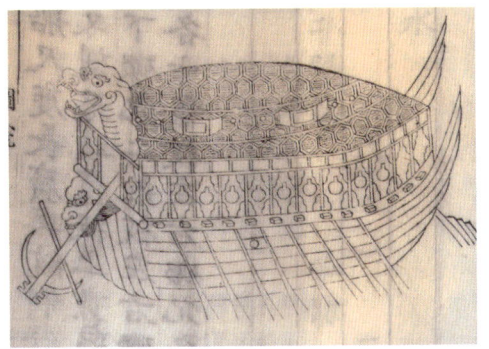 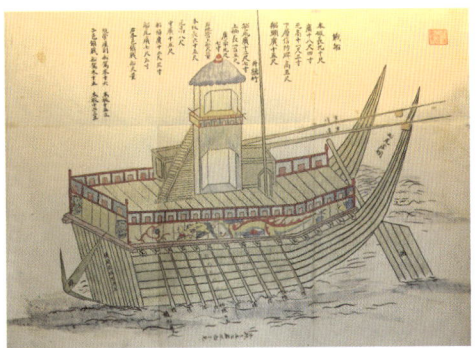

거북선(왼쪽)과 판옥선(오른쪽) 판옥선은 조선 수군의 전투선이야. 거북선은 판옥선 윗부분을 판자로 덮은 뒤 쇠못을 꽂아 적이 기어오르지 못하게 설계한 배야. 이순신은 거북선을 돌격대로 삼아 적의 대열을 흩트려 놓은 다음, 판옥선에서 화포 공격을 퍼붓는 전술로 승리를 이끌었지.

학익진 학익진은 학이 날개를 편 듯이 적군을 빙 둘러싸고 공격하는 전법이야.

의병의 활약 ★스스로 일어나 나라를 위해 싸우다

임금과 조정 대신들이 수도 한양을 버리고 도망가자, 백성들은 스스로 나라를 지키겠다며 **의병**을 결성하였지. 전국 각지에서 일어난 의병들은 치열하게 싸웠어. 의병들은 자신들이 살고 있는 지역의 지형을 잘 알기 때문에 동에 번쩍, 서에 번쩍 출몰하면서 왜군을 괴롭혔지.

경남 의령의 양반 집안에서 태어나 붉은색 옷을 입고 의병을 이끌어 홍의 장군이라고 불린 곽재우는 몰래 숨어 있다가 기습적으로 적을 공격하는 전법으로 왜군에 큰 타격을 입혔지. 사명 대사 유정은 스승인 서산 대사 휴정과 함께 승병을 이끌었어. 평양성과 한양을 되찾는 데 결정적인 역할을 했고 전쟁이 끝난 뒤에는 왕의 명령을 받고 일본으로 건너가 조선인 포로 3000여 명을 조선으로 데려오기도 했지. 정6품의 무관이었던 정문부는 함경도에서 의병을 이끌고 왜군에 대항했지. 정문부가 이끄는 의병은 일본의 무장인 가토 기요마사의 부대를 격파하여 왜군으로부터 함경도를 지켜 냈어.

칠백의총 충남 금산에 있는 칠백의총은 조헌과 700명 의병의 유골이 모셔져 있는 무덤이야.

조헌은 옥천에서 의병을 일으켰어. 조헌은 의병을 이끌고 왜군이 점령한 청주를 되찾은 뒤 전라도로 향하는 왜군을 막기 위해 충남 금산으로 진격했지. 조헌과 의병 700명은 왜군을 맞아 죽기를 각오하고 끝까지 싸웠지만 신식 무기인 조총으로 무장한 왜군의 공격을 이기지 못하고 결국 모두 전사하고 말았어.

임진왜란 때 조선군은 활을, 왜군은 조총을 사용해 싸웠어. 조총은 화약을 장전하고 심지에 불을 붙여 탄환을 쏘는 방식이야. 총을 쏜 다음에는 다시 총구를 깨끗이 닦고 다시 화약을 장전해야 하지. 한 발을 쏘는 데 1분 정도 걸렸다고 해. 그에 비해 활은 1분에 여섯 발 정도 쏠 수 있었지. 발사 횟수로만 보면 활이 훨씬 쓸모가 있었지. 왜군은 조총의 단점을 보완하기 위해 3열 이상 열을 맞춰 순서대로 조총을 쏘게 해서 조총의 위력을 극대화시키는 전술을 썼어.

진주 대첩과 행주 대첩 ★ 관민이 힘을 합쳐 싸우다

수군과 의병의 활약에 힘입어 육지의 관군도 힘을 내기 시작했어.

이순신이 이끄는 수군의 활약으로 바닷길을 통한 병력 수송과 물자 보급이 어려워진 왜군은 곡창 지대인 전라도를 장악할 목적으로 진주성을 공격했지. 진주 목사 김시민은 수적으로 매우 불리했지만 백성들과 힘을 합쳐 왜군에 맞서 싸웠어. 왜군은 모든 병력을 동원해 공격했지만 진주성을 함락시키지 못하고 돌아갔어. 하지만 김시민은 이 전투에서 왜군의 총에 맞아 전사하고 말았지.

화차와 신기전 화차에는 수십 개의 화살을 연이어 쏠 수 있는 장치가 있었어. 화약을 장착하거나 불을 달아 쏘던 화살을 신기전이라고 해.

와, 신기해.

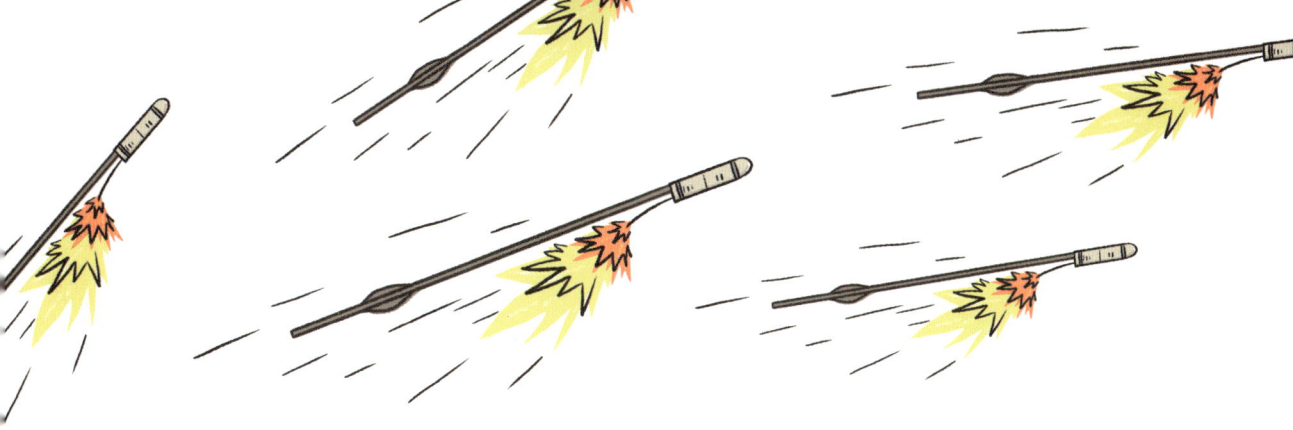

　파죽지세로 북진하여 평양성을 점령했던 왜군은 조선군과 선조의 요청으로 조선에 온 명군의 반격을 받아 철수하기 시작했어. 왜군은 퇴각하며 군사 3만여 명을 이끌고 행주산성으로 쳐들어왔어. 하지만 행주산성에서 진을 치고 있던 권율은 성벽을 정비하고 목책을 쌓는 등 왜군의 공격에 철저히 대비하고 있었고, 성안의 모든 백성이 온 힘을 다해 맞서 싸운 덕분에 왜군에 큰 승리를 거둘 수 있었어. 이때 화차와 신기전 등 조선의 새로운 무기들도 조선군이 승리하는 데 큰 역할을 했지. 행주산성에서 크게 패한 왜군은 결국 한양 점령을 포기하고 남쪽으로 물러났어. 전세가 불리해진 일본은 결국 휴전을 제안했단다.

진주 대첩 기록화 진주성에서 목사 김시민이 이끄는 조선군이 왜군 2만여 명의 공격을 격퇴하는 그림이야.

정유재란 ★ 다시 침략한 일본을 물리치다

　전열을 재정비한 일본은 1597년 다시 조선에 쳐들어왔어. 이것을 **정유재란**이라고 해. 이때 이순신 장군은 왕의 명령을 어겼다는 이유로 감옥에 갇혀 있었지. 이순신 대신 전투에 나갔던 원균은 칠천량에서 속수무책으로 일본에 지고 말았어. 그러자 선조는 이순신을 다시 삼도 수군통제사로 임명했어. 배는 단 12척밖에 남아 있지 않았지. 이순신은 1척의 전함을 추가로 수습한 뒤 물살이 거센 울돌목까지 왜군을 유인해서 겨우 13척의 배로 130여 척의 왜군을 물리치고 전라도 해안을 되찾았어. 이 싸움이 그 유명한 **명량 해전**이야.

　결국 가토 기요마사가 이끄는 왜군은 울산성에 들어가 숨었지. 왜군은 구원병을 요청했지만 조선과 명의 연합군은 구원병을 울산 태화강에서 전멸시키고 울산성을 완전히 포위했어. 성에 갇힌 가토 기요마사의 부대는 극심한 식량난을 겪었어. 말을 죽여 식량으로 삼고, 눈을 녹여 식수로 사용할 정도였지. 결국 울산성에서 치열한 전투가 벌어졌고 가토 기요마사의 1만 5000명 병사 중 살아 돌아간 병사는 500여 명에 불과했어.

　가토 기요마사는 일본으로 돌아가 구마모토성을 지었는데 성안에 우물 120개를 파고, 말린 고구마 줄기로 다다미를 만들었다고 해. 울산성에서 겪었던 식량난을 잊지 않고 비상시 군량으로 사용하기 위해서였어. 또 울산성에서 먹은 말고기 맛을 잊지 못한 왜군들은 구마모토에서도 말고기를 요리해서 먹었다고 해.

다다미는 마루방에 까는 일본식 돗자리를 말해.

전세가 불리해진 왜군은 마침 전쟁을 일으켰던 도요토미 히데요시가 병으로 죽자 조선에서 철수하기 시작했어. 이순신 장군은 조선 백성을 괴롭힌 왜군을 한 명도 살려 보내지 않겠다고 결심했지. 그래서 도망가는 왜군과 최후의 결전을 벌였단다. 이 마지막 전투에서 왜군에 승리함으로써 장장 7년에 걸친 임진왜란이 끝났어. 이 전투가 바로 **노량 해전**이야. 아쉽게도 이순신 장군은 노량 해전에서 적의 총에 맞아 죽음을 맞이했단다.

　당시 세계에서 가장 큰 규모의 전쟁을 치른 우리나라, 일본, 중국은 전쟁이 끝난 뒤에 후유증에 시달렸어. 중국의 명은 임진왜란 당시 무리하게 원정군을 파견해서 국력이 쇠퇴하기 시작했지. 일본은 도요토미 히데요시 정권이 무너지고 도쿠가와 이에야스 정권이 들어섰어. 우리나라도 전쟁으로 수많은 백성이 죽거나 끌려가 인구가 크게 감소했어. 국토는 황폐해지고 경복궁 등 수많은 문화재가 불에 타 없어지거나 일본에 약탈당했단다.

울산성 전투도 공격하는 조선과 명의 군사들이 울산성을 겹겹이 에워싸고 공격하고 있어. 성안에 갇힌 왜군이 말을 잡아먹고 오줌을 받아 마시며 악착스럽게 버티고 있는 모습이 그려져 있어.

중립 외교 ★ 광해군이 중립 외교를 펼치다

임진왜란이 끝난 뒤 왕위에 오른 광해군은 전란으로 입은 피해를 수습하기 위해 노력했어. 그런데 임진왜란 때 조선을 도와준 명이 후금을 치기 위해 조선에 도움을 요청했지. 후금은 여진족이 세운 나라로, 금을 계승한다는 의미로 '후금'이라고 나라 이름을 정하고 점점 세력을 키우며 동아시아의 강자로 떠오르고 있었어. 명을 도와주면 후금과의 관계가 나빠져 조선이 다시 힘들어질 수 있는 상황이라 광해군은 고민했지. 고심 끝에 광해군은 **중립 외교**를 택했어. 광해군은 명의 요청대로 군대를 보내기로 했어. 그러면서 군대를 이끄는 강홍립에게 적당한 때에 조선의 군대가 피해를 입지 않을 수 있는 방법을 찾으라고 은밀히 지시했어. 강홍립은 강력한 후금의 힘을 경험하고 후금에 투항했어. 덕분에 조선은 후금과 이익 없는 전쟁을 하지 않고 명과의 의리도 지킬 수 있었지.

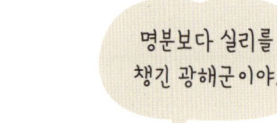

호병도 조선 후기의 화가 김윤겸이 그린 청나라 병사의 모습이야. 후금은 세력을 키운 뒤에 나라 이름을 '청'으로 바꾸었지.

정묘호란과 병자호란 ★ 청에 굴욕적인 항복을 하다

명분과 의리를 중시하는 일부 사림들은 광해군의 중립 외교를 비판하며 광해군을 쫓아내고 인조를 왕위에 앉히는 인조반정을 일으켰어. 왕위에 오른 인조는 명과 친하게 지내고 후금을 배척하는 친명배금 정책을 폈어. 그러자 이에 반발한 후금이 조선을 쳐들어왔지. 이것이 바로 **정묘호란**이야. 후금은 명을 공격하기 전에 조선을 먼저 제압하려고 했던 거야.

인조는 부랴부랴 강화도로 피란을 갔어. 명 공격을 위해 전쟁을 오래 끌고 싶지 않았던 후금은 먼저 조선에 화친을 요청하고 조선과 형제의 나라로 지내겠다는 약속을 하고 돌아갔지.

하지만 조선은 후금과 사이좋게 지내기로 약속한 뒤에도 계속 명과 친선 관계를 유지하고 후금을 멀리했어. 이후 더욱 세력을 키운 후금은 나라 이름을 '청'으로 바꾸고 조선에게 군신 관계를 요구했지. 조선이 이를 거부하자 청 태종은 직접 군대를 이끌고 다시 조선을 침략했어. 이것이 바로 **병자호란**이야.

청의 군대는 빠르게 한양 근처까지 밀고 들어왔어. 인조와 신하들은 또다시 강화도로 피란을 가려 했지만 청의 군대가 길목을 막아 버렸어. 하는 수 없이 인조와 일부 신하들은 남한산성으로 피신했지. 그러자 청의 군대는 남한산성을 포위해 버렸어. 조선은 화의를 반대하는 척화파의 주장대로 남한산성에서 청과 맞섰지. 하지만 조선은 싸울 준비가 되어 있지 않았어. 결국 남한산성에 들어간 지 40여 일 만에 강화를 맺자는 주화파의 주장에 따라 청에 항복할 수밖에 없었지.

인조는 하급 관리들이 입는 남색 융복을 입고 항복 의식을 거행하기 위해 삼전도로 향했어. 말에서 내린 인조는 세자를 비롯해 500여 명의 신하들이 지켜보는 가운데 청 태종에게 세 번 절하고 아홉 번 머리를 조아렸단다. 이를 두고 **삼전도의 굴욕**이라고 부르지.

두 차례의 큰 전쟁은 조선 사회에 많은 변화를 가져왔어. 무엇보다 신분에 따라 자기 분수에 맞게 살아야 한다는 성리학의 윤리 기준이 무너졌지. 임진왜란 때는 임금이 제일 먼저 도망갔고, 병자호란 때는 오랑캐에 굴욕적인 항복을 했기 때문이야. 성리학은 조선 사회를 지탱할 힘을 잃게 되었어. 조선이 살아남으려면 새롭게 변화하는 수밖에 없었지.

삼전도비 병자호란에서 승리한 청 태종이 이를 기념하기 위해 세운 비석이야. 남한산성에서 청에 대항하던 인조가 삼전도에서 청 태종에게 항복한 사실을 기록하고 있어.

인조는 현실을 철저히 무시하고 명분만 앞세웠지. 그 결과 어마어마하게 많은 백성들이 죽었고, 인조 자신은 삼전도의 굴욕을 겪었어. 자존심이 상하더라도 현실을 직시하는 현명함이 중요하다는 걸 잊지 말자.

큰★별쌤 한판 정리

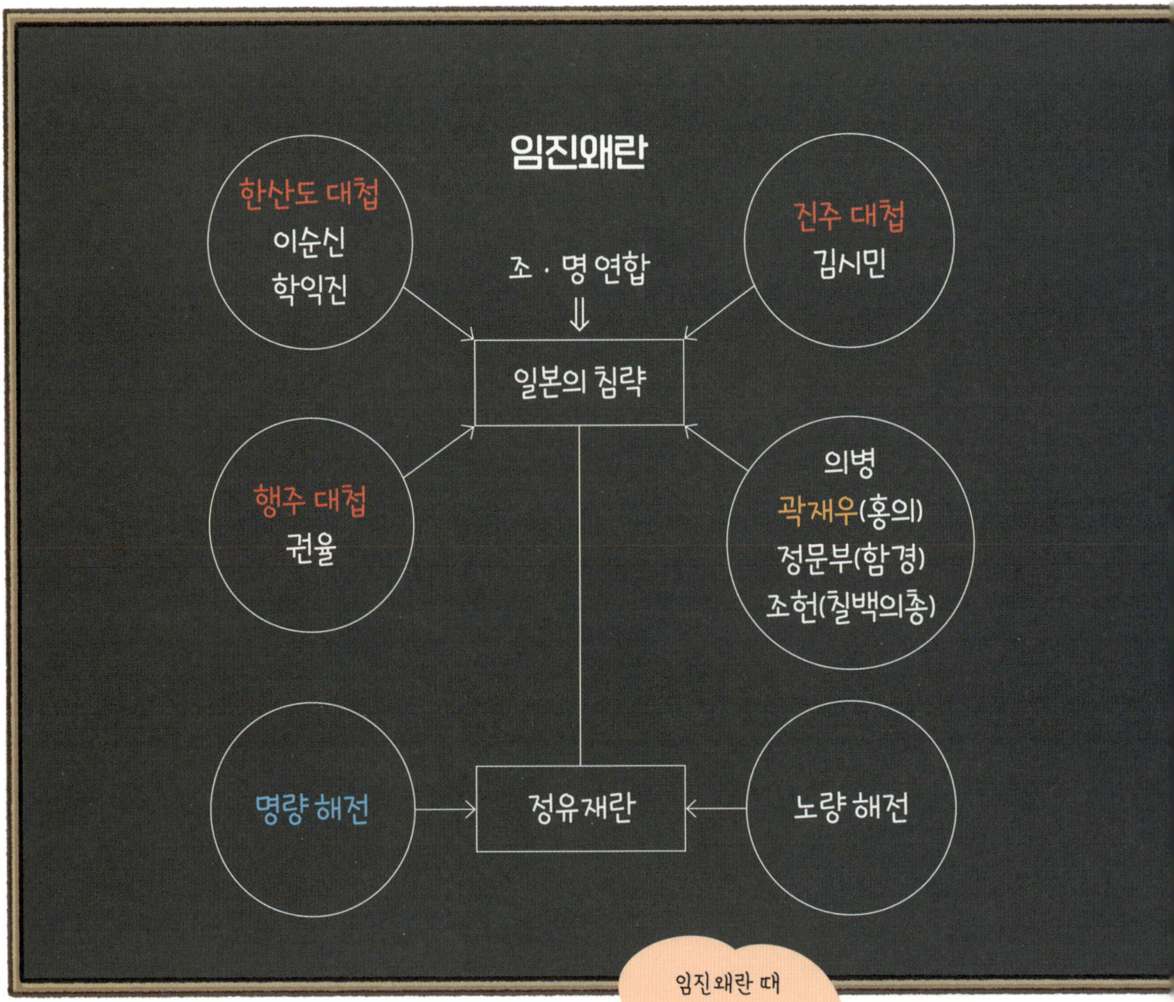

임진왜란

- **한산도 대첩** — 이순신, 학익진
- **진주 대첩** — 김시민
- 조·명 연합 ⇒ 일본의 침략
- **행주 대첩** — 권율
- 의병: **곽재우**(홍의), 정문부(함경), 조헌(칠백의총)
- **명량 해전** → 정유재란 ← 노량 해전

임진왜란 때 조선 수군과 의병의 활약을 기억하자.

임진왜란 일본은 1592년 우리나라를 침략했어.
한산도 대첩 이순신은 한산도 앞바다에서 왜군과 싸워 크게 이겼어.
의병 활약 곽재우, 정문부, 조헌 등이 의병을 일으켜 왜군에 맞섰어.
진주 대첩, 행주 대첩 김시민은 진주 대첩을, 권율은 행주 대첩을 승리로 이끌었지.
정유재란 일본은 다시 조선에 쳐들어왔어. 이순신이 명량에서 왜군을 크게 무찔렀어. 노량 해전을 끝으로 7년간의 전쟁은 막을 내리게 되었지.

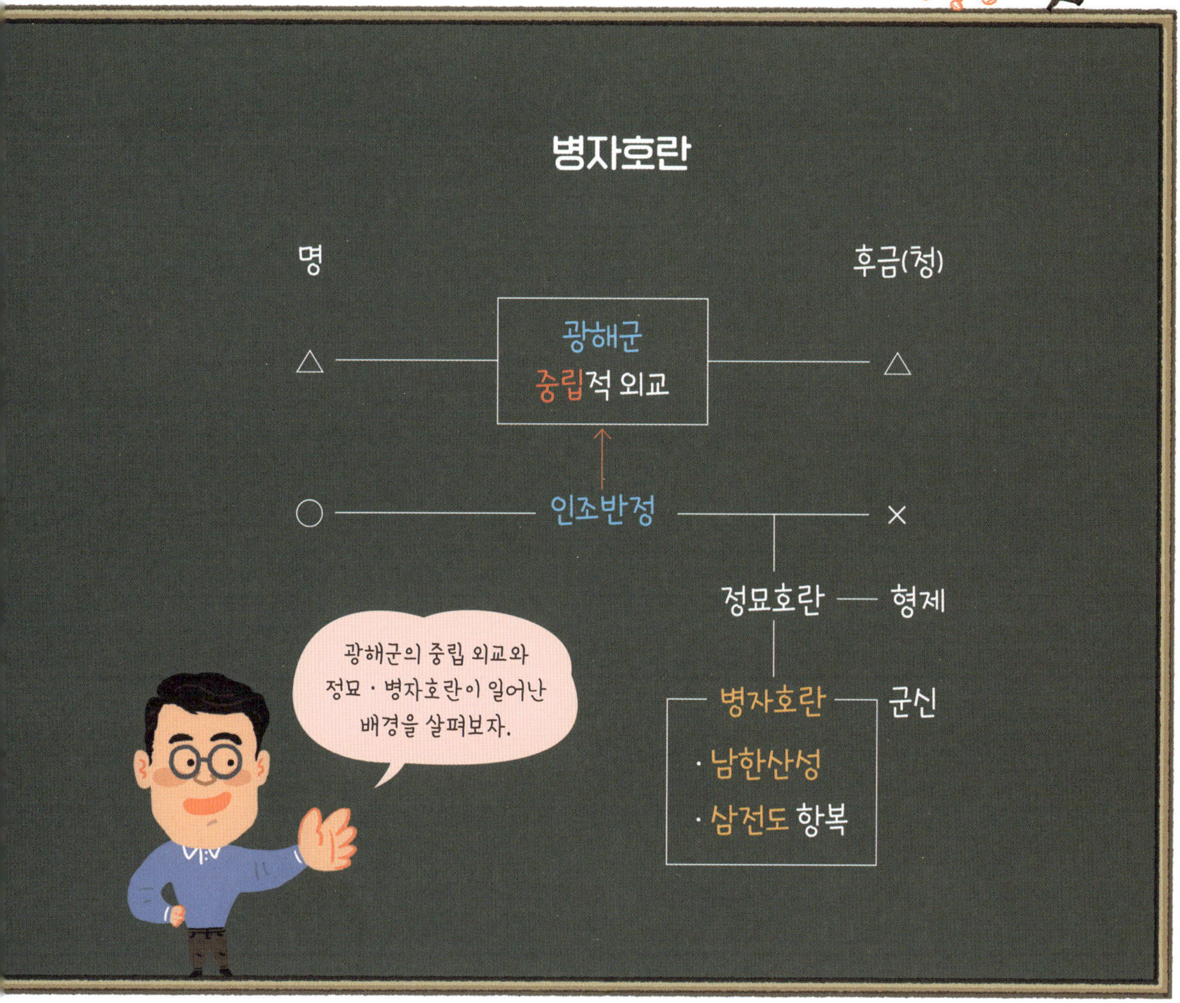

병자호란

명 　　　　　　　　　　　　후금(청)
△ ——— 광해군 ——— △
　　　　중립적 외교
　　　　　↑
○ ——— 인조반정 ——— ×
　　　　　│
　　　　정묘호란 —— 형제
　　　　　│
　　　　병자호란 —— 군신
　　　　· 남한산성
　　　　· 삼전도 항복

광해군의 중립 외교와 정묘·병자호란이 일어난 배경을 살펴보자.

중립 외교 광해군은 전쟁을 피하기 위해 명과 후금 사이에서 중립 외교를 했지.
인조반정 신하들은 의리와 명분을 저버렸다며 광해군을 쫓아내고 인조를 왕위에 앉혔어.
정묘호란 인조가 친명배금 정책을 취하자 후금은 조선을 침입하는 정묘호란을 일으켰어.
이후 조선은 후금과 형제 관계를 약속하고 강화를 맺었지.
병자호란 후금은 나라 이름을 청으로 바꾸고 다시 조선을 침략했어.
삼전도 항복 인조는 남한산성에서 버텼지만 결국 청에 항복하고 청과 군신 관계를 맺었어.

큰★별쌤 별별 퀴즈

1. ★ 안에 들어갈 알맞은 말을 써 볼까요?

- 1592년 도요토미 히데요시는 명을 정벌하러 가는 길을 내어 달라고 조선에 요구하며 ★★★★ 을 일으켰다.

- 이순신이 이끄는 조선 수군은 ★★★ 에서 일본군에 맞서 학익진 전법으로 큰 승리를 거두었다.

- 판옥선 위에 덮개와 쇠못을 박은 ★★★ 은 임진왜란 당시 조선 수군의 돌격선 역할을 하였다.

2. 큰★별쌤이 설명하고 있는 사건이 무엇인지 알아맞혀 볼까요?

조선은 후금과 사이좋게 지내기로 약속한 뒤에도 명과 친선 관계를 유지하고 후금을 멀리했어. 이후 후금은 세력을 키워 나라 이름을 '청'이라 바꾸고 조선에게 군신 관계를 요구했지. 조선이 이를 거부하자 다시 조선을 침략했단다.

① 임진왜란   ② 정묘호란   ③ 병자호란   ④ 인조반정

3. 다음 문장이 맞으면 O, 틀리면 X에 동그라미를 그려 볼까요?

- 광해군은 명과 후금을 상대로 친명배금 정책을 취했다.

- 광해군의 중립 외교를 반대하던 사림 세력은 광해군을 끌어내리고 인조를 왕으로 올리는 인조반정을 일으켰다.

- 병자호란 때 조선과 후금은 형제의 나라로 지내겠다는 약속을 맺고 전쟁을 끝냈다. O X

4. 큰★별쌤과 별별이가 설명하고 있는 인물을 찾아 선으로 연결해 볼까요?

경북 의령을 중심으로 의병을 일으켰고 붉은색 옷을 입고 지휘를 하여 홍의 장군이라고 불렸어.

정문부

함경도에서 의병을 이끌며 가토 기요마사 부대를 격파했어.

곽재우

큰★별쌤 별별 특강

절망 속에서도 조선을 구한 이순신

우리나라에서 세종대왕과 더불어 가장 존경 받는 인물은 누구일까? 바로 이순신 장군이야. 이순신은 임진왜란 당시 23전 23승을 거두며 조선을 위기에서 구했단다.

이순신은 임진왜란이 일어나기 몇 해 전까지 전라도 한 고을의 수령이었어. 당시 정승이었던 유성룡은 이순신을 전라좌도의 수군을 이끄는 통제사로 추천했어. 이순신과 어린 시절을 함께 보낸 유성룡은 이순신의 됨됨이와 능력을 잘 알고 있었기 때문에 이순신이라면 일본의 위협을 잘 대처할 수 있다고 판단한 거지.

조선의 수군을 이끌게 된 이순신은 조선과 일본 무기의 특징을 연구하고 주변 해안의 지형적 특징을 정확히 파악했어. 이처럼 철저히 준비한 덕분에 임진왜란 때 해상 전투를 성공적으로 이끌며 일본을 압박했단다.

전세가 기울자 휴전을 제안했던 일본은 얼마 지나지 않아 휴전 약속을 깨고 다시 전쟁을 준비했어. 이순신이 이끄는 조선군과의 전투가 쉽지 않겠다고 판단한 일본은 조선 정부에 거짓 정보를 흘렸어. 거짓 정보를 들은 조선 조정은 이순신에게 출정 명령을 내렸지. 하지만 이순신은 일본의 함정이라는 것을 간파하고 출정 명령을 따르지 않았어. 이 일로 이순신은 옥에 갇히게 되었고 백의종군하게 되었단다. 백의종군은 벼슬 없이 전쟁터에 가는 걸 말해.

이순신이 파직되자 일본은 이때를 놓치지 않고 정유재란을 일으켰어. 이순신 대신 원균이 이끄는 조선 수군은 칠천량 해전에서 거침없이 밀려오는 왜군에 속수무책으로 당하고 말았지. 선조는 어쩔 수 없이 백의종군하고 있던 이순신을 삼도 수군통제사로 다시 임명했어. 당시 이순신은 억울하게 파직된 것도 모자라 소식을 듣고 자신을 만나러 오던 어머니마저 배에서 돌아가시는 바람에 몸과 마음이 지쳐 있었지. 게다가 왜군에게 당한 조선 수군은 남아 있는 게 별로 없었어.

절망적인 상황이었지만 이순신은 좌절하지 않았어. 이순신은 각지를 돌아다니며 병사들을 모으고 군량과 무기를 구했지. 칠천량 해전에서 도망친 배까지 수습하여 겨우 12척의 군함으로 부대를 꾸릴 수 있었단다. 그런데 갑자기 조정에서 가망 없는 수군을 해산하고 육군으로 합류하라는 명이 떨어졌어. 그러자 이순신은 선조에게 '지금 신에게는 열두 척의 배가 있사오니 죽을 힘을 다하여 싸우면 이길 수 있습니다.'는 장계를 올렸고 다시 수군을 지휘할 수 있게 되었어. 결국 이순신은 추가로 수습한 배 1척을 더해 총 13척의 배로 명량 앞바다의 좁은 물길과 조류를 이용해 130여 척의 배를 가진 왜군을 대파했단다.

　연전연승의 신화를 이룬 이순신이지만 항상 순탄한 길만 걸었던 것은 아니었어. 이순신은 절망적인 상황도 기회로 바꿔 조선을 위기에서 구했지. 우리가 이순신에게 감동 받고 이순신을 존경하는 이유일 거야.

도전! 한국사능력검정시험

★ 초급 45회 21번

1. 밑줄 그인 '이 전투'로 옳은 것은?

① 진주 대첩
② 귀주 대첩
③ 청산리 대첩
④ 한산도 대첩

★ 초급 46회 20번

2. 밑줄 그은 '나'에 해당하는 왕으로 옳은 것은?

① 세조　　② 정조　　③ 광해군　　④ 연산군

★★★ 기본 47회 23번
3. (가) 전쟁에 대한 탐구 활동으로 적절한 것은?

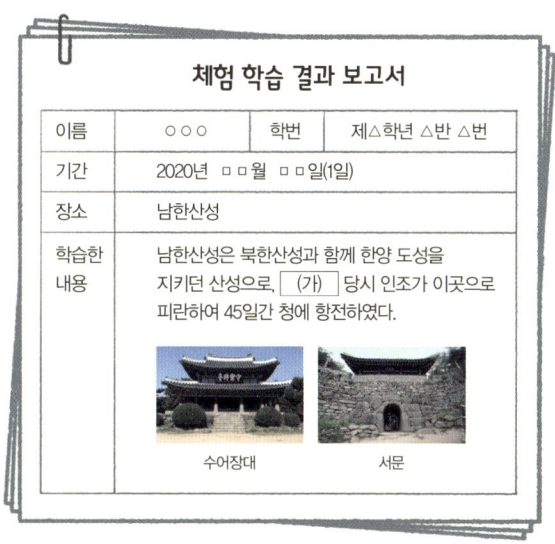

① 보빙사의 활동을 조사한다.
② 삼별초의 이동 경로를 찾아본다.
③ 삼전도비의 건립 배경을 파악한다.
④ 을미의병이 일어난 계기를 살펴본다.

★★★ 기본 50회 20번
4. (가) 시기에 있었던 사실로 옳은 것은?

① 최영이 홍산에서 왜구를 물리쳤다.
② 강감찬이 귀주에서 거란을 격퇴하였다.
③ 권율이 행주산성에서 대승을 거두었다.
④ 김윤후가 처인성에서 적을 막아 내었다.

정답

1

24-25p 큰★별쌤 별별 퀴즈

1. 위화도 / 조선 / 한양 / 이방원
2.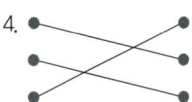
3. × ○ ○
4. (선 잇기)

28-29p 도전! 한국사능력검정시험

1. 초급 46회 14번 ①
2. 초급 46회 23번 ①
3. 기본 47회 18번 ①
4. 기본 47회 20번 ④

2

48-49p 큰★별쌤 별별 퀴즈

1. 호패 / 관찰 / 집현 / 직전 / 홍문
2. ②
3. ○ × ○ ×
4. (선 잇기)

52-53p 도전! 한국사능력검정시험

1. 기본 48회 20번 ①
2. 기본 49회 20번 ②
3. 기본 50회 17번 ③
4. 기본 50회 19번 ②

3

70-71p 큰★별쌤 별별 퀴즈

1. 집현전 / 훈민정음 / 농사직설
2. ②
3.
4. ○ × ○

74-75p 도전! 한국사능력검정시험

1. 초급 44회 17번 ②
2. 기본 48회 19번 ①
3. 기본 48회 21번 ④
4. 기본 49회 18번 ④

4

92-93p 큰★별쌤 별별 퀴즈

1. 삼강 / 사림 / 사화
2. ③
3. × ○ × ○
4.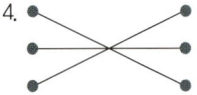

96-97p 도전! 한국사능력검정시험

1. 초급 45회 16번 ④
2. 중급 45회 17번 ③
3. 기본 49회 19번 ②
4. 기본 50회 18번 ③

5

114-115p 큰★별쌤 별별 퀴즈

1. 임진왜란 / 한산도 / 거북선
2. ③
3. × ○ ×
4.

118-119p 도전! 한국사능력검정시험

1. 초급 45회 21번 ④
2. 초급 46회 20번 ③
3. 기본 47회 23번 ③
4. 기본 50회 20번 ③

찾아보기

3사 35, 84
4군 43
4불가론 12
6조 직계제 32, 35
6진 43
8도 32-33

ㄱ
간의 62, 72
갑자사화 86
강홍립 108
거북선 100
경국대전 35, 78-79
과거 11, 36-37, 41
과전법 14
곽재우 102
광해군 108, 110
교린 42, 55
기묘사화 87
김종서 43, 50

ㄴ, ㄷ
노량 해전 107
농사직설 65

단심가 14-15
단종 34, 50-51, 84, 86
대과 37-38
도화서 66

ㅁ, ㅂ
명량 해전 106
무오사화 86
무학 26-27

병자호란 99, 110-111
봉수 44-45
분청사기 66
붕당 88

ㅅ
사군자 66
사대문 16-18
사대부 39, 89
사림 77, 84-86, 88, 94, 110
사육신 50
사직 17
삼강 80
삼강오륜 82
삼강행실도 80
삼전도의 굴욕 110
서당 38
서원 88
성균관 37-41, 94
성균관 유생 40-41
세조 35, 50-51, 78, 84, 86
세종 34, 39, 43, 50, 55-56, 65, 80
소과 37-38, 40
수양 대군 35, 50
신분 사회 82
신분 제도 82
신진 사대부 11-14, 42, 77, 84

ㅇ
앙부일구 65, 72
연산군 86
오륜 80
왕자의 난 20-21, 27, 31-32
울산성 전투 106
위화도 회군 12-13
유정 102

을사사화 87
의병 102-103
이방원 14-15, 20-21
이성계 12-13, 20, 26
이순신 100, 104, 106-107, 116-117
이이 94-95
이종무 43
이황 85, 94-95

ㅈ
자격루 64-65, 72
장영실 72-73
장원 급제 37, 40, 94
정도전 11, 13, 16, 20
정몽주 14-15, 20-21, 85
정묘호란 110
정문부 102
정유재란 106
조광조 85-86
조선 건국 11, 14, 26, 31, 42, 77
조헌 103
종묘 17
종묘사직 17
중립 외교 108, 110
중종반정 86
직전법 35
진주 대첩 104
진주성 104
집현전 34-35, 56

ㅊ
최만리 60
최영 12-13
최윤덕 43
측우기 62-63
칠정산 64

ㅎ
하여가 14-15
학익진 100
한양 16-19, 21, 26-27, 38, 44, 64, 100, 102
행주 대첩 104-105
향약 88-89
호패법 32
혼천의 62, 72
홍문관 35, 84
훈민정음 34, 58-59, 61

사진 제공

국립고궁박물관
세조 어진 초본 · 53
측우기 · 63
자격루(복원품) · 64

국립민속박물관
천상열차분야지도(탁본) · 62

국립중앙박물관
호패 · 32
함경도 지방의 과거 시험 · 36
과거 답안지 · 37
한글 금속 활자, 자치통감 · 61
강희안의 고사관수도, 분청사기 철화 어문 항아리, 어몽룡의 월매도, 백자 달 항아리 · 67
경국대전 · 78
삼강행실도 · 80
김홍도의 벼 타작 · 83

호병도 · 108

게티이미지코리아
봉수대 · 44
판옥선 · 101
삼전도비 · 111

규장각 한국학연구원
동국여도 도성도 · 16
혼일강리역대국도지도 · 42
칠정산 · 64
농사직설 · 65

대가야박물관
유리병과 옥벼루 · 84

문화재청
성곽, 숙정문 · 19
성균관 명륜당, 대성전, 동재, 동재북 · 39
소수 서원 · 88

서울역사박물관
성균관 배치도(태학계첩) · 39

숭실대학교 한국기독교박물관
혼천의 · 63

육군박물관
부산진 순절도 · 100

전쟁기념관
진주 대첩 기록화 · 105

헬로포토
창덕궁 인정전 · 19
달빛 야행 · 29
훈민정음 언해본 · 58
간의 · 71
울산성 전투도 · 107

wikipedia
돈의문 · 18
앙부일구 · 65
몽유도원도 · 66
조광조 · 87
거북선 · 101

*이 책에 수록된 사진은 박물관과 저작권자의 허가를 받아 사용했습니다.
*이 책에 수록된 사진 중 출처가 불명확하여 허가를 받지 못한 일부 사진에 대해서는 저작권자가 확인되는 대로 게재 허락을 받고 사용료를 지불하겠습니다.

조선 후기에는 어떤 일이 일어났을까? 5권에서 만나자.

큰별쌤 최태성의 별★별 한국사 ④ 조선 시대1

초판 1쇄 발행 2021년 10월 20일 | 초판 19쇄 발행 2025년 12월 3일
글 최태성 | 그림 김선배 | 연구 별★별한국사연구소 곽승연 이상선 김혜진 | 펴낸이 최순영
교양 학습 팀장 김솔미 | 편집 김희선, 최란경 | 키즈 디자인 팀장 이수현 | 디자인 하늘·민
펴낸곳 (주)위즈덤하우스 | 출판등록 2000년 5월 23일 제13-1071호 | 주소 서울특별시 마포구 양화로 19 합정오피스빌딩 17층
전화 02) 2179-5600 | 홈페이지 www.wisdomhouse.co.kr | 전자우편 kids@wisdomhouse.co.kr

글 ⓒ 최태성, 그림 ⓒ 김선배, 2021
ISBN 979-11-91766-75-2 74910 · 979-11-91766-71-4(세트)

*이 책의 전부 또는 일부 내용을 재사용하려면 반드시 사전에 저작권자와 ㈜위즈덤하우스의 동의를 받아야 합니다.
*인쇄·제작 및 유통상의 파본 도서는 구입하신 서점에서 바꿔드립니다.
*책값은 뒤표지에 있습니다.